高等职业教育汽车类专业"十三五"规划教材

U0650528

汽车检测与诊断技术

主　编　张克明

副主编　郑希江　刘映凯　闫　蔚

中国铁道出版社

CHINA RAILWAY PUBLISHING HOUSE

内 容 简 介

本书主要内容包括发动机的检测与诊断、汽车底盘的检测与诊断、整车及电控系统的检测与诊断等3个项目共20个具体工作任务；系统地阐述了汽车检测与诊断的主要项目、任务、学习目标、相关知识、常用检测与诊断方法等；重点介绍了相关检测设备的基本结构、组成、工作原理、使用方法，以及汽车主要系统或装置的检测与诊断分析方法等。

本书内容翔实，具有较强的实用性和可操作性，适合作为高等职业院校、高等专科院校、成人高校、民办高校及本科院校汽车类专业的教学用书，并可作为社会从业人士的业务参考书及培训用书。

图书在版编目（CIP）数据

汽车检测与诊断技术/张克明主编 ．—北京：
中国铁道出版社，2018.10
高等职业教育汽车类专业"十三五"规划教材
ISBN 978-7-113-24984-7

Ⅰ．①汽…　Ⅱ．①张…　Ⅲ．①汽车 - 故障检测 - 高等职业教育 -
教材②汽车 - 故障诊断 - 高等职业教育 - 教材　Ⅳ．① U472.9

中国版本图书馆 CIP 数据核字（2018）第 219986 号

书　　名：汽车检测与诊断技术	
作　　者：张克明　主编	
策　　划：李中宝　尹　娜	读者热线：（010）63550836
责任编辑：李中宝　包　宁	
封面设计：刘　颖	
责任校对：张玉华	
责任印制：郭向伟	

出版发行：中国铁道出版社（100054，北京市西城区右安门西街 8 号）
网　　址：http://www.tdpress.com/51eds/
印　　刷：三河市宏盛印务有限公司
版　　次：2018 年 10 月第 1 版　　2018 年 10 月第 1 次印刷
开　　本：787 mm×1 092 mm　1/16　印张：12　字数：287 千
书　　号：ISBN 978-7-113-24984-7
定　　价：35.00 元

出 版 说 明

为深入贯彻落实《国家中长期教育改革和发展规划纲要（2010—2020 年）》《高等职业教育创新发展行动计划（2015—2018 年）》等文件精神，适应作为国家支柱产业的汽车行业对专业人才的迫切需求，推广高职高专院校学校汽车类专业教学的创新成果，我们遵循职业教育的发展特色，本着"依靠专家、研究先行、服务为本、打造精品"的出版理念，经过专家的行业分析及充分的市场调查，决定开发本系列教材。

本系列教材涵盖职业教育汽车类专业的核心课程教材。我们邀请了行业专家、职业教育专家、一线的教师，依据教育部新的职业教育教改思想共同参与编写，教材的体例和教材的内容与专业培养目标相适应，且具有如下鲜明的特色：

（1）注重以就业为导向，以能力为本位，以岗位需要和职业标准为依据，以促进学生职业生涯发展为目标，力图体现我国职业教育改革的发展趋势。

（2）紧密联系生产劳动和社会实践，突出应用性和实践性，并与相关职业资格考核要求相结合，注重培养"双证书"技能人才。

（3）采用"理实一体化"教材编写体例，努力呈现图文并茂的教材形式，贯彻"做中学、做中教"的教学理念。

（4）强大的行业专家、职业教育专家、一线的教师队伍，特别是"双师型"教师的加入，为教材的研发、编写奠定了坚实的基础，使本系列教材全面符合职业教育的培养目标，具有很高的权威性。

（5）立体化教材开发方案，将主教材、配套素材光盘、电子课件等资源有机结合，具有网上下载习题及参考答案、考核认证等优势资源，有力地提高教学服务水平。

优质教材是职业教育重要的组成部分，是广大职业学校学生汲取知识的源泉。建设高质量符合职业教育特色的教材，是促进职业教育高效发展、为社会培养大量技能型人才的重要保障。我们相信，本系列教材的出版对于职业教育的教学改革与发展将起到积极的推动作用，同时希望更多的专家和一线教师加入到我们的研发和创作团队中来，为更好地服务于职业教育，奉献更多的精品教材而努力。

中国铁道出版社

2018 年 6 月

前　言

　　随着汽车工业的迅速发展，人们对汽车性能的要求越来越高，汽车技术的电子化、自动化、智能化程度不断提高，汽车检测与诊断技术的更新周期越来越短，对汽车维修技术人员的检测与诊断技术水平要求也越来越高。为此，行业需要与汽车技术发展同步更新的汽车检测与诊断技术教材。

　　本书根据高职高专教育人才培养目标，按照汽车检测与诊断技术课程的教学基本要求，比较全面、系统地介绍了相关检测设备的基本结构、组成、工作原理、使用方法，以及汽车主要系统或装置的检测与诊断分析方法等。

　　本书力求从生产一线对汽车检测与故障诊断技术人才知识、能力的需要出发，以利于读者对汽车检测与故障诊断技术的理解和掌握为重点，广泛吸收汽车检测与诊断技术方面的新知识、新技术，尽量将国内先进的检测与诊断技术、检测标准及仪器、设备引入本书，以体现技术上的先进性。

　　在本书的内容选择上，删繁就简，以先进性、实用性和可操作性为目标，按照学生的认知规律，摒弃不必要的理论说明，重视企业现有操作技术与实践经验的引入，在保证教材内容满足现有行业技术水平需要的同时，具备必要的前瞻性。

　　在编写的体例格式上，每个项目中的工作任务均与企业汽车检测与诊断工作的具体技术要求接轨，着重强调为完成工作任务所需要的知识、技术和安全注意事项等。

　　由于各院校汽车检测与故障诊断仪器、设备不尽相同，书中在介绍了目前使用比较普遍的检测仪器、设备和检测与诊断技术、方法的同时，精选了部分典型仪器、设备的检测与诊断技术方法，以满足不同使用者的需要。

　　本书适合作为高等职业院校、高等专科院校、成人高校、民办高校及本科院校汽车类专业的教学用书，并可作为社会从业人士的业务参考书及培训用书。

　　本书由张克明任主编，郑希江、刘映凯、闫蔚任副主编。在编写过程中，得到了行业内专家的热情支持，并参考了大量国内外有关书籍、文章和技术资料，在此一并表示感谢。

　　由于编者水平有限，书中不妥之处，恳请专家和广大读者不吝指正。

编　者

2018 年 6 月

目　录

项目一

发动机的检测与诊断

发动机是汽车的心脏，为汽车的运行提供动力。汽车检测是一种主动的检查行为，如同正常人去医院体检，以便了解身体的健康状况。通过对发动机的检测，可以确定其技术状况和工作能力，及时发现及诊断故障，保证车辆的正常运行。发动机的检测与诊断项目主要包括发动机功率、气缸密封性以及冷却、润滑、燃油系统的技术状况等。

项目目标

通过本项目的学习，使学生了解发动机检测与诊断项目的主要内容：

* 会使用相关的检测仪器和设备；
* 掌握发动机主要检测项目的检测方法；
* 能够正确分析发动机的检测数据并诊断发动机的技术状况。

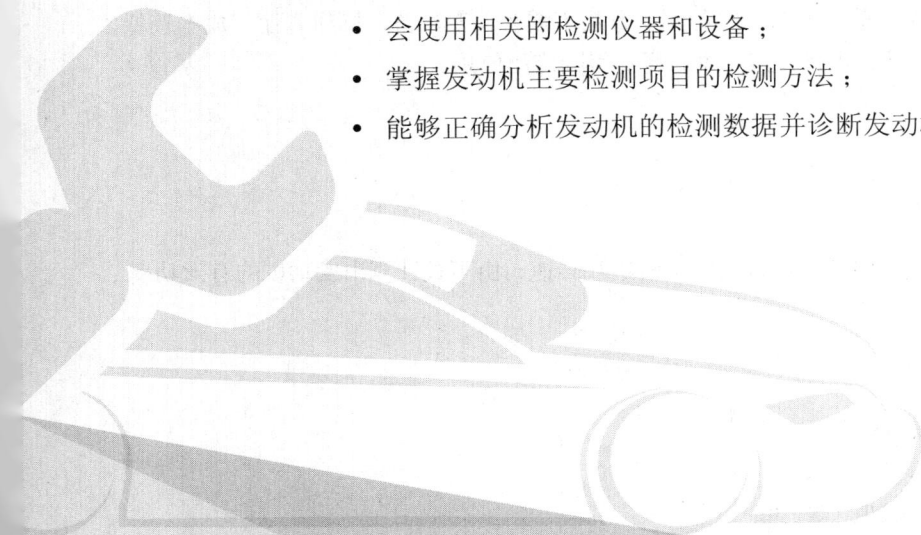

任务一　发动机功率的检测与诊断

功率是发动机的动力性指标。由于发动机在工作过程中存在辅助及摩擦用功，如发动机内部运动零件的摩擦用功、驱动附属机构的用功、泵气用功等，使发动机产生的功率并没有完全对外输出，因此通常采用发动机的有效功率，即发动机曲轴对外输出的功率，作为发动机的综合性能评价指标。

任务目标

了解发动机功率检测与诊断的有关概念及意义；

了解发动机稳态测功和动态测功的工作原理；

掌握发动机功率的稳态测功和动态测功方法；

能够根据检测结果对发动机的技术状况进行基本分析和判断。

任务描述

在汽车的使用过程中，由于零件的磨损，发动机的功率会逐渐下降。测量发动机功率的下降程度，是衡量发动机的技术状况，也是定量地分析发动机动力性能的重要指标。发动机维修的重要任务是恢复发动机的动力性能。

任务分析

常用的发动机功率检测方法，主要有稳态测功和动态测功两类。稳态测功的数据准确，测量精度较高，但需要安装大型测功器，操作不便，成本较高。因此，稳态测功主要用于发动机的设计、制造部门，或是在高等学校、科研机构用于进行性能试验，一般汽车维修企业使用不多。动态测功又称无负荷测功，这种测功方法不需要大型设备，操作方便，成本较低。因此，尽管其测量精度稍低，但仍在汽车维修行业得到广泛使用。

相关知识

一、稳态测功原理

发动机稳态测功是通过测量发动机的输出转矩和转速，由下式计算出发动机的有效功率：

$$P_e = \frac{T_{tq} \cdot n}{9\,550}$$

式中　P_e——发动机功率，kW；

　　n——发动机转速，r/min；

　　T_{tq}——发动机输出扭矩，N·m。

由于稳态测功时，需要对发动机施加外部负荷，所以也称为有负荷测功或有外载测功。需要使用的仪器设备包括转速仪、水温表、机油压力表、机油温度表、气象仪器（湿度计、大气压力计、温度计）、计时器、燃料测量仪及测功器等。

二、动态测功原理

动态测功是指发动机在节气门开度和转速等参数均处于变动的状态下，测定发动机功率的一种方法。当发动机与传动系统分开时，将发动机从怠速或某一低转速急加速至节气门最大开度，此时发动机产生的动力克服各种阻力矩和本身运动件的惯性力矩，迅速达到空载最大转速。对于某一结构的发动机，其运动件及附件的转动惯量可以认为是一定值，因而只要测出发动机在指定转速范围内急加速时的平均加速度，即可得知发动机的动力性；或者说通过测量某一定转速时的瞬时加速度，就可以确定发动机功率的大小。

进行发动机无负荷测功时，可以在不拆卸发动机的情况下，利用无负荷测功仪快速测定发动机的功率。

任务实施

一、发动机台架测功（稳态测功）

常用的稳态测功器有水力测功器、电涡流测功器和电力测功器三种。电涡流测功器结构示意图如图 1-1 所示。

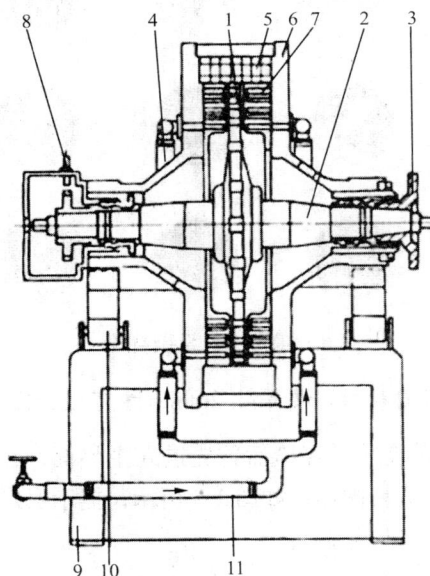

图 1-1　电涡流测功器结构示意图

1—转子；2—转子轴；3—连接盘；4—冷却水管；5—励磁绕组；6—外壳；
7—冷却水腔；8—转速传感器；9—底座；10—轴承座；11—进水管

以电涡流测功器为例，利用其进行发动机的测功过程如下：

（1）将发动机安装在测功器台架上，使发动机曲轴中心线与测功器转轴中心线重合。

（2）安装仪表并接上电器线路及接通各种管路。

（3）检查发动机技术状况，保证其工作状态正常，紧固各部螺栓螺母；柴油机要检查调整喷油器的喷油提前角、喷油压力、喷油锥角及喷雾情况。

（4）记录下当时的气压和气温。

（5）起动发动机，操纵试验仪器，观察仪表工作情况，记录下数据，根据记录数据计算并绘制出汽油发动机的有效功率 P_e、有效转矩 M_e 和燃油消耗率 G_e 曲线。

二、无负荷测功（动态测功）

无负荷测功仪既可以制成单一功能的便携式测功仪，又可以和其他测试仪表组合成为台式发动机综合测试仪。下面以元征 EA2000 发动机综合性能分析仪为例，对发动机无负荷测功方法进行介绍。

（1）仪器的起动、自检及预热。在开启电源总开关后，电源指示灯亮。打开主机电源开关，系统起动并自动执行发动机综合性能分析仪通信伺服程序和 EA2000 发动机综合性能分析仪程序，主机将对预处理器通信、1280401-1280408 适配器逐一进行自检，通过后，相应适配器图标显示为绿色；检测若有故障，相应适配器图标显示为红色，如图 1-2 所示。

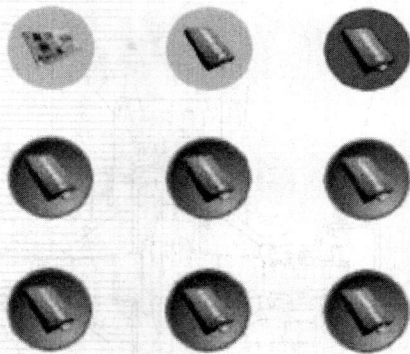

图 1-2　系统自检

注意：系统起动并通过自检后，要预热 20 min 方可进行检测操作。

（2）用户数据输入。系统通过自检后首先进入主界面，在主界面中单击"检测"图标，进入检测界面，再单击用户资料图标，如图 1-3 所示，提示用户输入车辆相关资料。

用户可按照提示依次输入以下内容：

① 汽车类型；

② 发动机冲程数；

③ 发动机缸数；

④ 发动机点火次序；

⑤ 发动机点火方式。

其他项目用户可根据需要手动填入。数据输入完成后，单击"确定"按钮，完成数据输入，返回"检测"界面菜单。

图 1-3 用户数据输入

（3）检测。下一步即进入具体测试项目的操作，EA2000 发动机综合性能分析仪可对发动机进行多项检测分析。在进行发动机无负荷测功前，首先要根据使用说明连接测试线路，将一缸信号拾取器夹在一缸高压线上。连接完成后，在"汽油机测试菜单"下单击"发动机无负荷测功"图标，系统即进入测试界面。在进行测试前要先在界面上输入怠速转速（n_1）、额定转速（n_2）和当量转动惯量。以上工作完成后，进入具体测试阶段，步骤如下：

① 单击"测试"图标，系统开始倒计数；

② 当计数为零时，迅速踩下汽车加速踏板，使发动机尽可能快地迅速提高转速；

③ 当发动机转速超过设定的额定转速 n_2 时，迅速松开加速踏板，使发动机回到怠速工况。系统将自动检测发动机的输出功率并显示如图 1-4 所示的内容。

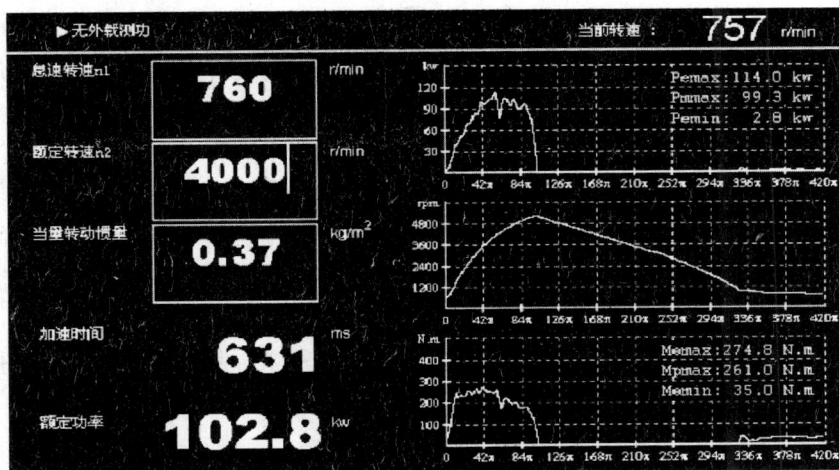

图 1-4 无负荷测功界面

无负荷测功界面右侧的三个曲线图从上到下分别是：

① 测试过程功率变化曲线。

其中　P_{emax}——发动机测试过程中的最大功率；

　　　　P_{mmax}——发动机在最大扭矩时的功率；

　　　　P_{emin}——发动机测试过程中的最小功率。

② 测试过程转速变化曲线。

③ 测试过程中扭矩变化曲线。

其中　M_{emax}——发动机测试过程中的最大扭矩；

　　　　M_{pmax}——发动机在最大功率时的扭矩；

　　　　M_{emin}——发动机测试过程中的最小扭矩。

单击"保持数据"图标可保存检测结果；单击"打印"图标打印当前界面；单击"返回"图标返回上级菜单；单击"帮助"图标，将进入帮助系统相关部分查看操作指导。

此外，该系统还可进行转动惯量测试，具体操作可参照"系统帮助"或使用说明书的详细步骤进行。

注意： 检测时起始转速 n_1 一般稍高于急速，终止转速 n_2 一般选取最高转速的80%。进行检测时，需要先将待测发动机的转动惯量输入检测仪；如果没有待测发动机的转动惯量值，应先检测发动机转动惯量，EA2000发动机分析仪具备此功能。

检测时，当发动机转速达到 n_2 时应立即松开加速踏板，切忌发动机长时间空转。

三、检测结果分析

根据测定结果进行分析，对发动机技术状况作出判断。

在用车发动机功率不得低于原额定功率的75%，大修后发动机功率不得低于原额定功率的90%。

（1）若发动机功率偏低，可能是燃料供给系统调整状况不佳，或点火系统技术状况不佳，应对油、电路进行调整。若调整后功率仍低时，应结合气缸压力和进气歧管真空度的检查，判断是否是机械部分故障。

（2）对个别气缸技术状况有怀疑时，可对其进行断火后再测功，从功率下降的大小，诊断该缸的工作情况。也可利用在单缸断火情况下测得的发动机转速下降值，来评价各缸的工作情况。工作正常的发动机，在某一转速下稳定空转时，发动机的指示功率与摩擦功率是平衡的。此时，若取消任一气缸的工作，发动机转速都会有相同的下降值。要求最高与最低下降之差不大于平均下降值的30%。如果某缸断火后转速下降值低于规定值，说明该缸工作不良。转速下降值愈小，则单缸功率愈小，当下降值等于零时，单缸功率也等于零，即该缸不工作。

发动机单缸功率偏低，一般是该缸高压分火线或火花塞技术状况不佳、气缸密封性不良、气缸上油（机油）等原因造成，应调整或检修。

（3）发动机功率与海拔有密切关系，无负荷测功仪所测结果是实际大气压力下的发动机功率，如果要校正到标准大气压下的功率，应乘以校正系数。

🚗 任务评价

一、工作成果评价

严格按照技术标准规范，对各小组发动机功率的检测与诊断操作程序、操作行为、操作水平、检测精度等进行评价。

发动机功率的检测与诊断工作成果评价表

学习目标	评价指标	评价标准	小组评价	教师评价
准备检测与诊断	操作程序	正确		
	操作行为	规范		
	操作水平	熟练		
实施检测与诊断	操作程序	正确		
	操作行为	规范		
	操作水平	熟练		
	检测精度	达到要求		

二、学习成果评价

按照职业教育技术类技能型人才培养要求，主要评价学生汽车发动机功率的检测与诊断知识、能力及技术人员职业特质形成的情况。

发动机功率的检测与诊断学习成果评价表

学习目标		评价标准	小组评价	教师评价
知识	发动机功率的检测与诊断的意义	理解		
	稳态测功原理	理解并简述		
	动态测功原理	理解并简述		
通用能力	协调能力	了解、运用协调方法		
	沟通能力	了解、运用沟通方法		
	配合能力	了解、运用配合方法		
	方法能力	具有革新意识		
专业能力	预热及清洁发动机	达到职业资格要求的能力水平		
	使用发动机台架进行测功试验	达到职业资格要求的能力水平		
	使用无负荷测功仪进行发动机测功试验	达到职业资格要求的能力水平		
	检测结果分析	达到职业资格要求的能力水平		
特质	价值追求	追求标准、规范的职业活动价值		
	思维特点	过程导向思维的认识、建立与习惯养成		
	职业态度	严谨认真、一丝不苟、精益求精的态度		

教师、同学建议：

评价汇总：
A 优秀
B 良好
C 基本掌握

努力方向：

思考与练习

1. 什么是稳态测功？什么是动态测功？
2. 稳态测功和动态测功各有哪些优缺点？
3. 如何利用发动机综合性能检测仪进行测功？

任务二　气缸压缩压力的检测与诊断

气缸压缩压力是指四冲程发动机压缩终了时的压力。气缸压力过低，将导致发动机起动困难、加速无力、油耗增加、排放超标等故障。

任务目标

了解气缸压缩压力检测与诊断的意义；

会使用气缸压力表；掌握气缸压缩压力的检测方法；

能够根据检测结果判断气缸密封性能；

会对气缸压力异常故障进行检查和判断分析。

任务描述

气缸密封性能良好，是保证发动机动力性能的基本条件。检测活塞达到压缩上止点时气缸的压缩压力，可以表明气缸的密封性。气缸压缩压力是评价气缸密封性的最直接的指标，因其检测方便，检测仪器也比较简单，所以应用广泛。

任务分析

气缸压缩压力与机油黏度、气缸活塞组配合情况、配气机构调整的正确性和气缸垫的密封性等因素有关。所以，测量发动机气缸的压力，可以诊断气缸、活塞组的密封情况，活塞环、气门、气缸垫密封性是否良好和气门间隙是否适当等。气缸压缩压力可用气缸压力表或气缸压力测试仪检测。用气缸压力表检测气缸压缩压力（简称气缸压力）具有价格低廉、仪表轻巧、检测方便、实用性强等优点，在汽车维修企业中应用十分普遍。

相关知识

一、气缸压力表

气缸压力表是一种气体压力表，由表头、导管、单向阀和接头等组成，如图 1-5 所示。气缸压力表的接头有两种形式：一种为螺纹接头，可以拧紧在火花塞上或喷油器螺纹孔中；另一种为锥形或阶梯形的橡胶接头，可以压紧在火花塞或喷油器的孔上，接头通过导管与压力表相通。

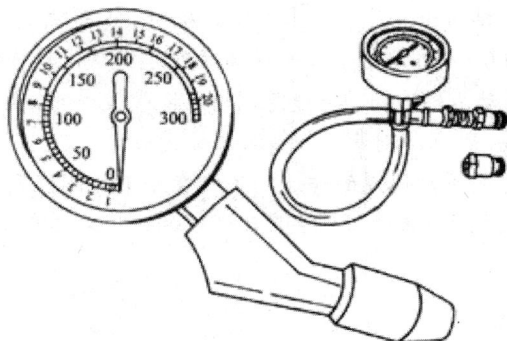

图 1-5　气缸压力表

　　导管也有两种：一种为软导管，另一种为金属硬导管。软导管用于螺纹管接头与压力表的连接，硬导管用于橡胶接头与表头的连接，如图 1-6 所示。

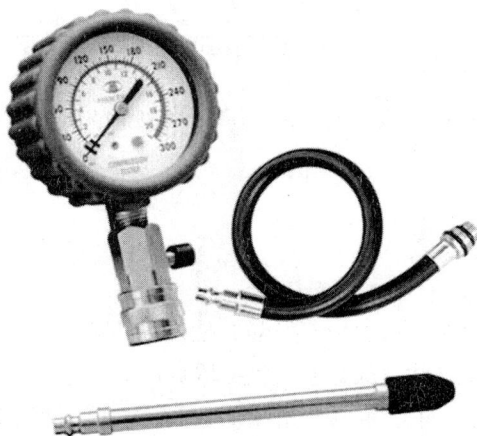

图 1-6　气缸压力表及其导管

　　气缸压力表由于用气缸压力表检测气缸压缩压力（以下简称"气缸压力"）具有价格低廉、仪表轻巧、实用性强和检测方便等优点，因而在汽车维修行业中应用十分广泛。

二、检测条件

　　利用气缸压力表检测气缸压力前，应首先检查气缸压力表的外表有无损坏、密封面是否良好、指针读数是否可靠。若经检查均正常，可以开始检测。由于气缸压力受很多因素影响较大，所以，气缸压力的测量，必须在下列条件下进行：

　　（1）蓄电池电力充足。

　　（2）用规定的力矩拧紧气缸盖螺栓。

　　（3）彻底清洗空气滤清器或更换新的空气滤清器。

　　（4）发动机达到正常的工作温度。

　　（5）用起动机带动卸除全部火花塞的发动机运转，并且达到原厂规定的转速。

注意：测量结果与曲轴转速有关。图 1-7 所示为发动机气缸压力与曲轴转速的关系曲线，只有当曲轴转速超过 1 500 r/min 以后，气缸压力曲线才变得比较平缓。但在低速范围内，即在检测条件中由起动机带动曲轴达到的转速范围内，即使较小的转速变化值 Δn，也能引起气缸压力的较大变化值 Δp。因此，测量时必须保证蓄电池电力充足，用起动机带动卸除全部火花塞的发动机运转，以达到原厂规定的转速。不能在冷车时测缸压。由于温度和大气压等因素的影响，只有在发动机达到正常的工作温度时测得的缸压才具有实质性的参考价值。

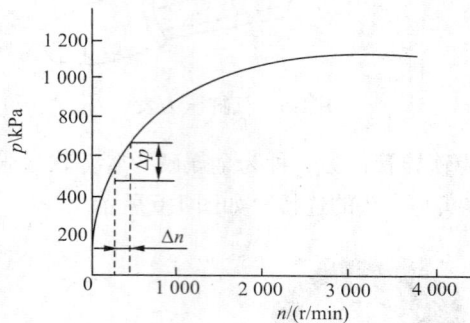

图 1-7　发动机气缸压力与曲轴转速的关系曲线

🚗 任务实施

一、气缸压力检测

检测气缸压力时，首先要使发动机正常运转，使水温达 75 ℃以上，然后按照以下步骤进行：

(1) 停机后，用压缩空气吹净火花塞或喷油器周围的灰尘和脏污。

(2) 卸下全部火花塞或喷油器，并按气缸次序放置。对于汽油发动机，先断开点火系统电路，以防止电击和着火。

(3) 把气缸压力表的橡胶接头插在被测缸的火花塞孔内，扶正压紧，如图 1-8 所示。

图 1-8　气缸压力表的安装

（4）将节气门和阻风门置于全开位置，用起动机转动曲轴 3 ～ 5 s（不少于四个压缩行程），待压力表头指针指示并保持最大压力后停止转动。

（5）取下气缸压力表，记下读数，按下单向阀使压力表头指针回零。按上述方法依次测量各缸，每缸测量次数不少于两次。

（6）就车检测柴油机气缸压力时，应使用螺纹接头的气缸压力表。如果该机要求在较高转速下测量，此种情况除受检气缸外，其余气缸均应工作。其他检测条件和检测方法同汽油机。

注意：对于汽油车，在测试中必须通过拆下燃油泵熔断器或继电器的方法，使燃油泵暂不泵油，以免出现"淹缸"以及缸压偏低的情况。测试中起动机运转时间不能过长或过短。时间过长会过多消耗电能和损害起动机，过短则会达不到测试标准。测试过程中，必须将节气门、阻风门全部打开。否则会由于燃烧室内进气量不足，从而导致缸压偏低。由于缸压测量具有一定的偶然性，只测一次往往不准确，只有经过 2 ～ 3 次测试然后取其平均值，测试结果才有效。

二、故障部位的诊断与检查

为了准确地测出故障部位，可在测完气缸压力后，针对压力低的气缸，采用如下简易方法进行检查：

（1）卸下空气滤清器，打开散热器盖和加机油口盖，用一根胶管，一头接压缩空气气源，另一头通过锥形橡胶头插在火花塞孔内。

（2）摇转发动机曲轴，使被测气缸活塞处于上止点位置，然后将变速器挂低挡，拉紧驻车制动，打开压缩空气（600 kPa 以上）开关，注意倾听漏气声。

（3）如在进气口处听到漏气声，说明进气门不密封；如在排气消声器处听到漏气声，说明排气门不密封；如在散热器加水口处看到有气泡或听到出气声，说明气缸衬垫不密封造成气缸与水套沟通；如在相邻气缸火花塞口处听到漏气声，说明气缸衬垫在该两缸之间处烧损窜气；如在加机油口处听到漏气声，说明气缸活塞配合副不密封。

三、检测结果分析

各汽车商对所生产的车型发动机的气缸压力，均有标准。大修竣工发动机的气缸压力应符合原设计规定，在用汽车发动机各气缸压力应不小于原设计值的 85%，每缸压力与各缸平均压力的差：汽油机应不大于 8%，柴油机应不大于 10%。

测得结果如高于原设计规定，可能是由于燃烧室积炭过多、气缸衬垫过薄或缸体与缸盖结合平面经多次修理加工过甚造成的。

测得结果如低于原设计规定，可向该缸火花塞或喷油器孔内注入适量机油，然后用气缸压力表重新测气缸压力并记录。

（1）如果第二次测出的压力比第一次高，接近标准压力，说明气缸、活塞环、活塞磨损过大或活塞环对口（见图 1-9）卡死、断裂，以及缸壁拉伤等原因造成气缸不密封。

图 1-9 活塞环对口

（2）如果第二次测出的压力与第一次相近，即仍比标准压力低，说明进、排气门不密封（见图 1-10），或是气缸衬垫密封不良（见图 1-11）。

图 1-10 进、排气门不密封

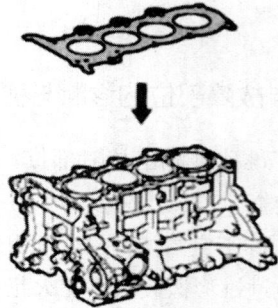

图 1-11 气缸衬垫密封不良

（3）如果两次检测某相邻两缸压力均较低，说明该两缸相邻处的气缸衬垫烧损窜气。

🚗 任务评价

一、工作成果评价

严格按照技术标准规范、对各小组发动机气缸压缩压力的检测与诊断程序、行为规范、操作水平、检测精度等进行评价。

气缸压缩压力检测与诊断学习成果评价表

学习目标	评价指标	评价标准	小组评价	教师评价
准备检测	操作程序	正确		
	操作行为	规范		
	操作水平	熟练		
实施检测	操作程序	正确		
	操作行为	规范		
	操作水平	熟练		
	检测精度	达到要求		

二、学习成果评价

按照职业教育技术类技能型人才培养要求，主要评价学生汽车气缸压缩压力检测与诊断知识、能力及技术人员职业特质形成的情况。

气缸压缩压力检测与诊断学习成果评价表

	学习目标	评价标准	小组评价	教师评价
知识	气缸压缩压力检测诊断的意义	理解		
	气缸压力表的用途与使用方法	描述		
	气缸压缩压力的检测条件	理解并简述		
通用能力	协调能力	了解、运用协调方法		
	沟通能力	了解、运用沟通方法		
	配合能力	了解、运用配合方法		
	方法能力	具有革新意识		
专业能力	预热及清洁发动机	达到职业资格要求的能力水平		
	拆卸发动机上的相关零部件	达到职业资格要求的能力水平		
	使用气缸压力表进行检测	达到职业资格要求的能力水平		
	检测结果分析	达到职业资格要求的能力水平		
	故障部位的检查	达到职业资格要求的能力水平		
特质	价值追求	追求标准、规范、精度的职业活动价值		
	思维特点	过程导向思维的认识、建立与习惯养成		
	职业态度	严谨认真、一丝不苟、精益求精的态度		

教师、同学建议：

评价汇总：
A 优秀
B 良好
C 基本掌握

努力方向：

思考与练习

1. 检测气缸压缩压力时，为何必须要保证蓄电池电力充足？
2. 气缸压缩压力偏低的原因可能有哪些？如何检查故障部位？
3. 气缸压缩压力偏高，说明发动机可能存在哪些问题？

任务三　冷却与润滑系统的检测与诊断

　　冷却系统的温度过高或过低，不仅影响发动机的功率、油耗和磨损情况，而且还会引起更为严重的故障，如拉缸、缸盖破裂以及缸体损坏等。发动机在工作过程中，各个运动件间都在以很高的相对速度运动，如果润滑不好，各相对表面磨损加剧，过早地破坏了其配合精度。摩擦产生的热量使零件受热膨胀，"卡死"严重时还会使曲轴轴承"抱瓦"。

任务目标

　　了解发动机冷却、润滑系统检测与诊断的意义；

　　熟练掌握发动机冷却系统的常规检查方法；

　　熟练掌握发动机润滑系统的常规检查方法；

　　掌握冷却系统散热器、节温器的检测与诊断方法；

　　掌握润滑系统机油压力、消耗量、品质的检测与诊断方法。

任务描述

　　冷却系统的工作性能，主要依靠测试经验进行常规检查和测试，检测项目主要包括直观检查和元件性能检测，以及对检测结果的判断分析等。对发动机润滑系统除应进行常规检查外，主要应对机油压力、消耗量、品质等进行检测，以及对检测结果的判断分析等。

任务分析

　　发动机运转时，其温度可随时通过仪表盘内的水温表进行观察，也可通过外观检查和元件测试等方法，查出故障部位。对于发动机润滑系统机油压力、消耗量、品质等参数的检测，不仅能够反映润滑系统的技术状况，还能够反映曲柄连杆机构和配气机构的配合状况。

相关知识

一、发动机冷却系统

　　汽车发动机的冷却系统为强制水冷系统，由水泵、散热器、冷却风扇、节温器、补偿水桶、发动机机体和气缸盖中的水套以及其他附属装置等组成，如图 1-12 所示。其主要作用是使发动机在所有工况下都保持在适当的温度范围内。

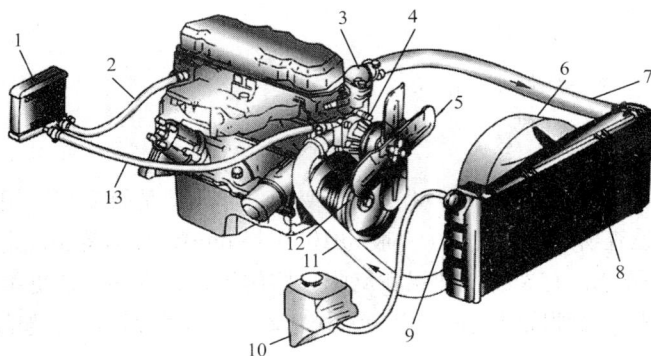

图 1-12　冷却系统的组成

1—暖风机芯；2—暖风进水管；3—节温器；4—水泵；5—风扇；6—导风罩；

7—散热器进水管；8—散热器；9—散热器盖；10—补偿水桶；11—散热器出水管；

12—风扇传动带；13—暖风出水管

二、发动机润滑系统

发动机润滑系统主要由机油泵、机油滤清器、油底壳、集滤器等组成，如图 1-13 所示。发动机润滑系统的主要作用是在发动机工作时，连续不断地把数量足够的清洁润滑油输送到全部传动件的摩擦表面，并在摩擦表面之间形成油膜，实现液体摩擦，从而减小摩擦阻力、降低功率消耗、减轻部件磨损，达到提高发动机工作可靠性和耐久性的目的。

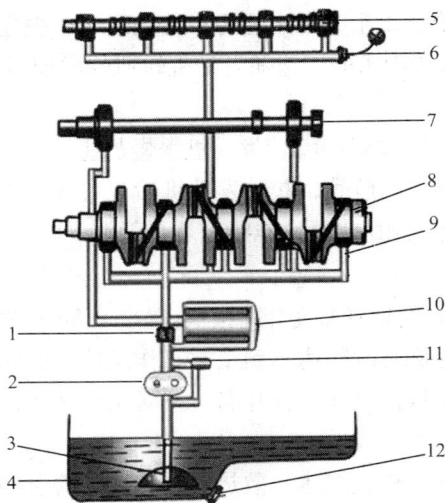

图 1-13　润滑系统的组成

1—旁通阀；2—机油泵；3—集滤器；4—油底壳；5—凸轮轴；6—限压阀；

7—中间轴；8—曲轴；9—分油道；10—机油滤清器；11—溢流阀；12—放油塞

任务实施

一、直观检查

1. 风扇和风扇传动带

检查风扇叶片固定情况是否正常、叶片是否变形、导风罩是否变形。用大拇指以一定的力按下风扇传动带，检查所产生的挠度（一般为 10 ~ 15 mm)，如不符合规定应予以调整。

用肉眼观察传动带是否有裂纹、开层和磨损、擦伤等，如有必要应更换传动带。有的柴油机风扇传动带是两根，必须同时更换，以免其松紧不一，用力不均，引起故障。

2. 散热器

检查散热器盖上的密封垫是否有老化变形、弯曲、起泡，散热器盖上的压力阀和真空阀是否有变形、损伤和锈蚀，弹簧是否有变形、弹力失效等，如有上述现象应予以更换；检查散热器盖上有无水垢积存，如有应予以清除，并同时清除散热器加水口表面上的水垢，以保持阀门的正常工作。

检查散热片之间有无堵塞，若有堵塞应予以疏通；检查散热器表面有无凹陷、裂纹，若有凹陷，可用拉平的方法予以修复，对于轻微渗漏处，可用烙铁施焊修补。当发动机工作时，散热器不同位置温度相差较大，可能是散热器内部堵塞，应进行清洗。

3. 水泵

检查泵体及带轮有无磨损及损伤，必要时应予以更换；检查水泵有无漏水，若有漏水，则应检查水封是否密封不严；在发动机停转时，用手转动一下，泵轴应无卡滞、松旷或叶轮与泵壳碰擦现象，否则应检查水泵轴承。

在发动机运转过程中，检查水泵的泵水能力。检查时用手握住散热器的进水管，然后由怠速加速到高速，如感到进水管内水的流速随发动机转速的增加而加快，说明水泵工作正常。否则，说明水泵的泵水能力不足。

也可在起动发动机后，打开散热器盖，使发动机缓慢加速，查看加水口冷却水的循环状态；或是拆下通往散热器上水室接头的胶管，起动发动机后观察气缸水套内和散热器中的水被水泵泵出的距离。通过以上检查，确认水泵工作状态是否正常。

4. 节温器

起动发动机并使其运转,若发动机温度升高很快,温度至 80 ~ 90℃时,温度升高明显减慢,说明节温器工作正常;若发动机长时间达不到正常工作温度,说明无小循环,节温器大循环阀门关闭不严;若发动机工作时,温度一直升高,说明无大循环,即节温器大循环阀门无法正常开启。

也可在发动机工作过程中，检查缸体与散热器水箱出水管之间有无明显温差。当发动机水温在节温器开启温度以下时，有明显温差;当达到节温器开启温度后，应无明显温差。否则，说明节温器不能正常开启或关闭。

为进一步确认节温器的工作情况，也可将节温器拆下后放入量杯中，同时对量杯中的水进行加热，观察节温器在不同水温下的开启情况和开启高度，如图 1-14 所示。

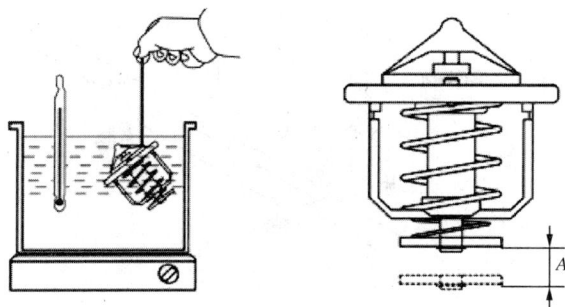

图 1-14 节温器的检查

A—节气门开启高度

5. 冷却液液位

检查发动机冷却液液位时，要等发动机冷却后，检查冷却液储液灌中的液位。如图 1-15 所示，若液位在储液罐上高位线与低位线之间，则表明液量充分。如果液位低，则需添加冷却液。随着发动机温度的高低，冷却液储液灌中的液位也随之变化。

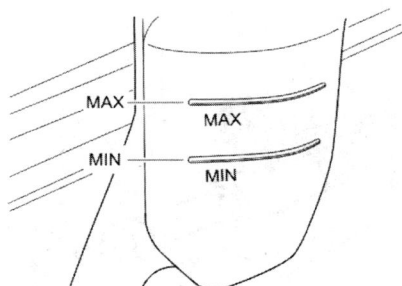

图 1-15 冷却液液位的检查

如果加冷却液后，在短时间内液位下降，则冷却系统可能有泄漏。需检查散热器、软管、发动机冷却液箱盖、散热器旋塞及水泵。如果仍然没有发现泄漏，则要对冷却系统进行加压测试。

6. 机油油面和油质

发动机机油对发动机性能有重要的影响，所以每天都应检查发动机机油量。

（1）检查前，应把车辆停放在水平地面上，起动发动机空转 5 min。

（2）停止运转发动机，等待 3 min 后，拔出机油油尺擦干净，重新插入油尺并再次取出，记录油尺上的油面。正确油面应在上位和下位之间的位置，如图 1-16 所示。

（3）油面高度太高时，应及时查明原因予以排除，其原因可能是冷却水或汽油进入曲轴箱内所致。

（4）用机油尺取数滴机油观察，可大致分辨出机油污染情况。若机油显示雾状、油色混浊和乳化，说明机油已被水严重污染；若机油呈灰色，闻有燃油气味，则表示机油已被燃油稀释；用手指捻搓机油，有细粒感，则表示含杂质较多。

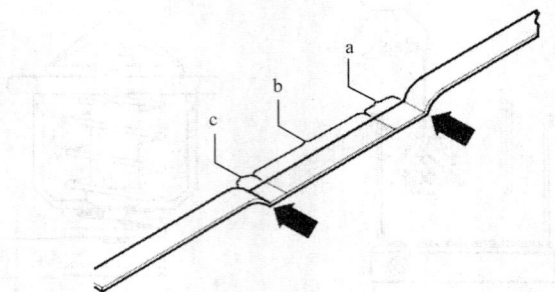

图 1-16　机油量的检查

a—不必添加机油；b—可以添加机油；c—必须添加机油

二、冷却系统检测仪的加压检测

如图 1-17 所示，将冷却系统检测仪连接到散热器盖上，用加压手柄向散热器盖施加压力，直至散热器盖上的压力阀打开，释放压力为止。此时的压力应和散热器盖顶面上所显示的压力数值相符，同时应能保持此压力 1 min 以上无泄漏。如检查结果不符合规定，应更换散热器盖。

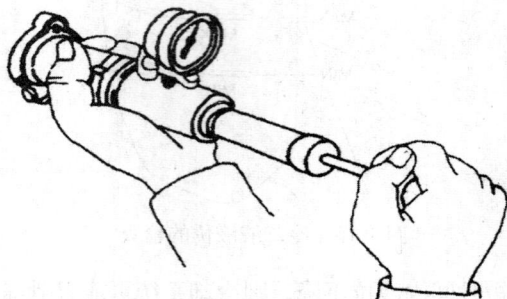

图 1-17　连接冷却系统检测仪

向散热器注满水，将冷却系统检测仪连接到散热器上，用加压手柄向冷却系统施 118 kPa 的压力，如图 1-18 所示。然后，检查压力是否下降。如果压力下降，说明冷却系统可能存在泄漏，应对散热器及相应原冷却系统软管等进行检查。

图 1-18　加压检测

三、机油压力的检测与诊断

拆下发动机润滑油道上的油压传感器（汽车仪表盘上的机油压力表），装上油压表，起动发动机使其在规定转速下运转，油压表上的指示值即为润滑系统的机油压力。技术状况正常的发动机在常用转速范围内，汽油机机油压力应为 196 ~ 392 kPa；柴油机机油压力应为 294 ~ 588 kPa。

四、机油消耗量的检测与诊断

机油消耗量可用油尺测定法或质量测定法进行检测，工作正常的发动机，机油消耗量为 0.1 ~ 0.5 L/100 km。

利用油尺测定法时，可将机油加注至油底壳规定高度，在油尺上画上清晰刻线，行驶一定里程后，按原测试条件加注机油至油尺的刻度线，加注量即为汽车行驶里程所消耗的机油量。

利用质量测定法时，可放出原有机油，将已知质量的机油加注至油底壳规定的液面高度，行驶一定里程后，放出机油，原加注的机油与放出的机油质量之差，即为汽车行驶里程所消耗的机油量。

五、机油品质的检测与诊断

除直观检查法外，机油品质可通过理化性能检测法或滤纸斑点分析法进行检测，常用的理化性能检测法有：机油不透光度分析法、介电常数分析法、铁谱分析法等。理化性能检测法可以定量评价机油品质，但需相应的检测设备，检测成本较高。

采用滤纸斑点分析法进行检测时，可首先取数滴机油滴于专用滤纸上，油滴逐渐向四周浸润扩散，最终形成中央有深色核心的、颜色深浅不同的多圈环形油斑，如图 1-19 所示。油斑从内到外依次为沉积环、扩散环、油环。

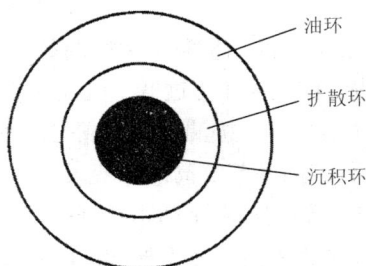

图 1-19　滤纸斑点分析法

沉积环在斑点的中心是油内粗颗粒杂质沉积物集中的地方，由沉积环颜色的深浅可粗略判断油被污染的程度；沉积环外围的环带称为扩散环，它是悬浮在油内的细颗粒杂质向外扩散留下的痕迹。颗粒愈细，扩散愈远。扩散环的宽窄和颜色的均匀程度是重要因素，它表示油内添加剂对污染杂质的分散能力；扩散环外围的环带称为油环，颜色由浅黄到棕红色，表示油的氧化程度。

斑点形态的鉴别与判断。将滴过油的滤纸连同框架平放在无风尘的地方，静置，观察斑点扩散形态。

一级：油斑的沉积区和扩散区之间无明显界限，整个油斑颜色均匀，油环淡而明亮，油质量良好。

二级：沉积环色深，扩散环较宽，有明显分界线，油环为不同深度的黄色，油质已污染，机油尚可使用。

三级：沉积环深黑色，沉积物密集，扩散环窄，油环颜色变深，油质已经劣化。

四级：只有中心沉积环和油环，没有扩散环，沉积环乌黑，沉积物密而厚稠，不易干燥，油环成深黄色和浅褐色，油质已经氧化变质。

当机油达到斑点试验三、四级品质时，就需要进行更换。

六、冷却系统检测结果分析

冷却系统常见故障有冷却液泄漏、发动机温度过高、发动机温度过低和发动机升温缓慢等。冷却液泄漏的原因可能是散热器盖及密封垫损坏；冷却系统外部渗漏；冷却系统内部渗漏等。

发动机温度过高故障的原因主要有冷却液量不足，水泵损坏或堵塞，散热器或缸体内水套结垢多、堵塞；节温器失效、卡死或堵塞；散热器风扇电动机或散热器双温热敏开关出现故障；混合气过浓或过稀，燃烧室积炭过多等。

发动机温度过低故障的原因主要可能是节温器失效，卡在全开位置；散热器风扇电动机只能以高速挡运转；水温表或水温传感器失效；环境温度太低且逆风行驶等。

七、润滑系统检测结果分析

润滑系统常见故障有机油压力过高、机油压力过低、机油消耗过多、机油变质等。机油压力过高故障的原因主要是机油黏度过大；限压阀技术状况不良或调整不当；气缸体内通往各摩擦表面的分油道堵塞；发动机曲轴主轴承、连杆轴承、凸轮轴轴承间隙过小；机油压力表或油压传感器不良或失效等。

机油压力过低故障的原因主要是机油油量不足；机油黏度低于规定值；限压阀技术状况不良或调整不当；机油泵齿轮磨损，使供油压力过低；机油滤清器堵塞；曲轴主轴承或凸轮轴轴承间隙过大；机油压力表或传感器失效；机油泵内形成空气间隙，失去泵油功能等。

机油消耗过多故障的原因主要是活塞与缸筒间隙变大；气门杆油封失效或气门导管磨损等；扭曲活塞环方向装反，或其开口转到一起；活塞环磨损过大或弹力不足，活塞环端隙、边隙或背隙过大；曲轴箱通风不良；润滑系统各零部件的油向外渗漏；曲轴后油封密封不良等。

如果机油使用时间过长，在高温和氧化作用下，加快了机油氧化和机油碳化，会使机油逐渐变质；活塞和气缸间隙变大，活塞环漏气，燃油漏泄量大，会稀释机油；缸垫密封不严或缸体有裂纹、砂眼等造成冷却液漏入曲轴箱，使机油和冷却液搅拌后会出现乳化现象；曲轴箱通风不良，机油中混杂有废气中的燃油，使机油变质；机油滤清器堵塞，机油未经过滤而直接通过旁通阀，润滑短路，造成机油内杂质过多。

🚗 任务评价

一、工作成果评价

严格按照技术标准规范、对各小组发动机冷却、润滑系统的检测诊断程序、行为规范、操作水平、检测精度等进行评价。

冷却、润滑系统检测诊断工作成果评价表

学习目标	评价指标	评价标准	小组评价	教师评价
准备检测	操作程序	正确		
	操作行为	规范		
	操作水平	熟练		
实施检测	操作程序	正确		
	操作行为	规范		
	操作水平	熟练		
	检测精度	达到要求		

二、学习成果评价

按照职业教育技术类技能型人才培养要求，主要评价学生汽车冷却、润滑系统检测诊断知识、能力及技术人员职业特质形成的情况。

冷却、润滑系统检测诊断学习成果评价表

学习目标		评价标准	小组评价	教师评价
知识	冷却、润滑系统检测、诊断的意义	理解		
	冷却系统的基本组成	掌握		
	润滑系统的基本组成	掌握		
通用能力	协调能力	了解、运用协调方法		
	沟通能力	了解、运用沟通方法		
	配合能力	了解、运用配合方法		
	方法能力	具有革新意识		
专业能力	利用直观检查法对冷却系统进行检查	达到职业资格要求的能力水平		
	利用直观检查法对润滑系统进行检查	达到职业资格要求的能力水平		
	机油压力的检测与诊断	达到职业资格要求的能力水平		
	机油消耗量的检测	达到职业资格要求的能力水平		
	机油品质的检测与诊断	达到职业资格要求的能力水平		
	冷却系统检测结果分析	达到职业资格要求的能力水平		
	润滑系统检测结果分析	达到职业资格要求的能力水平		

续表

学习目标		评价标准	小组评价	教师评价
特质	价值追求	追求标准、规范、精度的职业活动价值		
	思维特点	过程导向思维的认识、建立与习惯养成		
	职业态度	严谨认真、一丝不苟、精益求精的态度		
教师、同学建议：				评价汇总： A 优秀 B 良好 C 基本掌握
努力方向：				

思考与练习

1. 如何对风扇、风扇传动带、散热器、节温器、冷却液液位进行直观检查？
2. 如何对机油油面和品质进行直观检查？
3. 如何利用滤纸斑点分析法对机油品质进行检测？

任务四　点火系统的检测与诊断

在汽油发动机的五大系统中，点火系统对发动机的工作性能影响最大。由于点火系统的故障率较高，检测也相对方便，因此在进行发动机的故障诊断和性能检测时，往往首先对点火系统进行检测和诊断。

任务目标

了解点火系统检测与诊断的意义；

会使用点火正时灯和汽车专用示波器；

掌握点火提前角的检测方法；

能够根据点火系统波形进行故障分析。

任务描述

汽车点火系统的作用是根据发动机做功顺序，在适当的时刻提供足够强度的点火电压和点火能量，点燃混合气。现代轿车上，普遍采用无分电器电控直接点火系统。

点火提前角是影响发动机动力性、经济性和排放性能的重要因素，因此检查点火系统时，应对发动机的点火正时进行检测。由于点火系统低压部分、高压部分的变化过程是有规律的，因此利用点火波形的检测，判断点火系统的技术状况，也是点火系统检测与诊断的重要内容。

任务分析

从点火开始到活塞到达上止点，曲轴转过的角度称为点火提前角。点火提前角对发动机的工作影响很大。若点火过早，则发动机不易起动，提速慢，感觉"发闷"；点火过晚，则会出现排气管放炮、发动机过热现象。若点火过早，加速时会出现爆燃，发出"嘎啦、嘎啦"清脆的金属敲击声。爆燃会使发动机功率下降，并有损发动机寿命。用点火正时灯检测点火提前角的方法简单、准确，所以在汽车检测与诊断中应用较为普遍。

用示波器的波形直观诊断点火系统故障，是汽车检测与诊断的常用手段。把实际测得的点火系统的点火波形，与正常工作情况下的点火波形进行比较分析，通常可初步判断点火系统技术状况的好坏及故障的大致部位。

相关知识

一、直接点火系统

无分电器电控直接点火系统的主要特点，是利用电子分火控制技术将点火线圈产生的高压电直接送给火花塞进行点火。根据点火线圈的数量和高压电分配方式的不同，无分电器电控直接点火系统又可分为单独点火方式、同时点火方式、二极管配电点火方式三种类型。

单独点火方式点火系统的组成如图 1-20 所示，其特点是每缸一个点火线圈，即点火线圈的数量与气缸数相等。

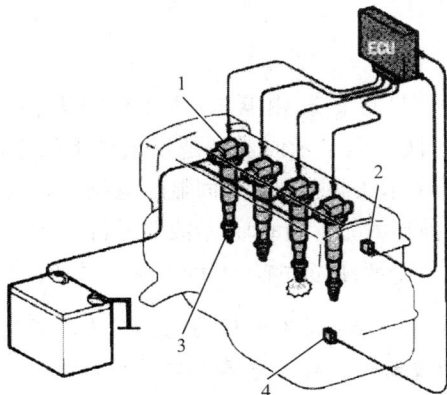

图 1-20 单独点火方式点火系统的组成

1—点火线圈（带点火控制器）；2—凸轮轴位置传感器；3—火花塞；4—曲轴位置传感器

同时点火是指点火线圈每产生一次高电压，都使两个气缸的火花塞同时跳火，即双缸同时点火。二极管配电点火方式点火系统的特点是四个气缸共用一个点火线圈，点火线圈为内装双一次线圈、双输出二次线圈的特制线圈，利用四个二极管的单向导电性交替完成 1、4 缸和 2、3 缸的配电过程。二极管配电点火方式与同时点火方式相同，但对点火线圈要求较高，而且发动机的气缸数必须是 4 的整倍数，所以在应用上受到一定的限制。

二、点火正时灯

如图 1-21 所示，点火正时灯是一种频率闪光灯，可以按照给定的信号频率同时闪光。

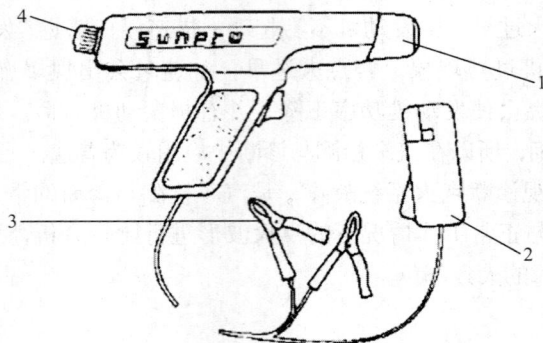

图 1-21　点火正时灯

1—闪光灯；2—点火脉冲传感器；3—电源夹；4—电位计旋钮

一般在发动机的旋转部件（齿轮或飞轮）上，刻有正时标记，在相邻的机壳上也有一个标记，当曲轴转到两个标记对齐时，第一缸活塞正好达到上止点位置。如果没有点火提前角，每次到达上止点时，触发点亮的正时灯闪亮时，两个标记应正好对齐。如果有点火提前角，正时灯点亮时第一缸活塞还未达到上止点，即活动标记还未转到固定标记处，两个标记没有对齐。它们之间相对应的曲轴转角的角度差就是点火提前角。

三、汽车示波器

示波器是用来采集电压信号的仪器，由于其采集的信号基于时间有一定的连续，故成"波"，将该"波"显示出来即为示波。汽车示波器就是用来检测汽车电子电路故障的示波器，如图 1-22 所示。其基础特征为：示波器以相对时间显示电压，示波器的显示读数总是从左到右，信号的电压 – 时间曲线称为波形 / 轨迹（trace）；示波器通常允许调整显示屏的垂直和水平刻度，垂直刻度称为电压量程，水平刻度称为时基（time base），以时间单位测量。

注意：测试点火高压线时，必须使用专用的电容探头，不能将示波器探头直接接入点火线圈次级电路；使用汽车示波器时，要注意远离热源，如排气管、催化器等，温度过高会损坏仪器；测试时要注意，汽车示波器测试线要尽量离开风扇叶片、传动带等转动部件；测试时要确认发动机盖的液压支撑是好的，以防止发动机盖自动下降时伤及头部或损坏汽车示波器；路试中，不要将汽车示波器放在仪表台上方，最好是拿在手中测试。

图 1-22 汽车示波器

任务实施

一、点火正时的检测

用点火正时灯检测点火提前角的具体步骤如下：

（1）擦拭曲轴带轮或飞轮上的正时标记，使其清晰可见。

（2）运转发动机至正常工作温度。

（3）将点火正时灯的两个电源夹，红色的夹在蓄电池的正极，黑色的夹在负极。

（4）将点火正时灯传感器卡在一缸的高压线上，同时将点火正时灯上的电位器旋钮旋到"0"。

（5）在发动机怠速稳定运转的情况下，将点火正时灯打开并对准飞轮或曲轴上的标记，如图 1-23 所示。

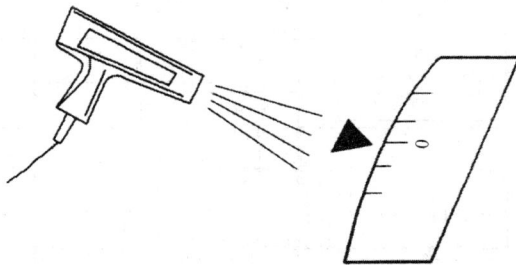

图 1-23 将点火正时灯打开并对准标记

（6）调整点火正时灯上的电位器，使两标记对齐。此时点火正时灯上指示的读数即为发动机怠速时的点火提前角。

注意：对于无分电器电控直接点火系统，其点火提前角一般是不可调的。如果测得的点火提前角不符合要求，应检查相关系统及部件是否有故障并判断故障的大致部位。

二、发动机点火波形的检测与诊断

用示波器的波形直观诊断点火系统故障，是汽车检测与诊断的常用手段。汽油机点火系

统的技术状况，可通过汽车专用示波器或发动机综合分析仪上的示波器来观察分析。下面以
OTC3840C 汽车专用示波器为例，对现代轿车上普遍采用的无分电器（DIS）电控直接点火系
统点火波形的检测和分析方法进行说明。

检测时，可按照图 1-24 所示步骤，选择点火系统测试菜单。

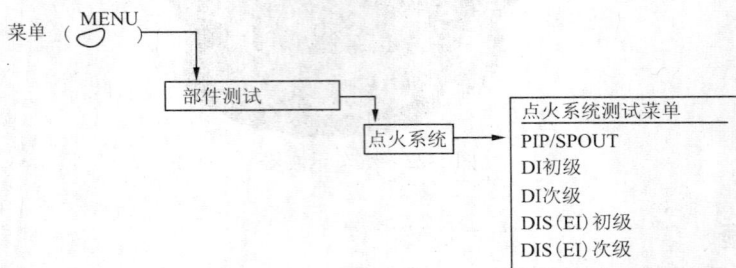

图 1-24　示波器菜单选择步骤

1. 初级电路的检测

无分电器（DIS）电控直接点火系统初级电路信号的参考波形如图 1-25 所示。由于点火
次级的燃烧过程，可以通过一、二次线圈的互感作用，返回到初级电路，所以点火初级电路
波形的检查，对于确定与电子点火线圈相关的点火故障是非常有效的。

（1）初级电路的检测目标：

① 根据线圈充电时间，分析每缸的点火线圈闭合角。

② 根据点火线或燃烧线，分析点火线圈和次级电路性能。

③ 根据燃烧线，确定每缸空燃比（A/F）是否正确。

④ 确认火花塞是否污染或损坏。如火花塞污染或损坏，会导致点火系统失火。

图 1-25　无分电器（DIS）电控直接点火系统初级电路信号的参考波形

（2）初级电路的检测步骤：

① 将测试线一端与示波器相连，另一端连接点火线圈初级信号；将接地测试线与车身搭
铁点连接。

② 接通点火开关，运转发动机；改变节气门开度，使发动机加、减速，或根据需要使车

辆行驶，以再现发动机在怠速或车辆行驶过程中出现的故障。

③ 确认各缸之间波形的幅值、频率、形状和脉宽一致。观察与特定部件对应的波形是否有异常。

④ 必要时可调整触发电平以便稳定显示。

（3）故障分析

① 观察图 1-25 中的波形下降点，此点是点火线圈开始充电点。通过此点，可以判断各缸闭合角的一致性以及点火正时的准确性，各缸的波形下降点位置应相对一致。

② 观察图 1-25 中的电弧放电电压或点火电压线，各缸应相对一致。过高的点火电压线表示由于高压线开路、不良或火花塞间隙较大，导致点火次级电路阻抗过高；过低的点火电压线表示由于火花塞污染、开裂或击穿等，导致点火次级电路阻抗比正常值低。

③ 观察图 1-25 中的火花或燃烧线，该线可反映气缸内的空燃比（A/F）情况，各缸应相对一致。若混合气过稀，燃烧电压会较高；若过浓，则电压比正常值要低。

④ 观察图 1-25 中燃烧线后的振荡，至少有 2 次，最好是 3 次以上，它表示点火线圈良好。

2. 次级电路的检测

无分电器（DIS）电控直接点火系统次级电路信号的参考波形如图 1-26 所示。次级波形可以提供关于发动机每个气缸燃烧质量的信息，如有必要时，甚至可以在行驶条件下进行此项测试，这是检测发动机点火系统故障的常规方法。

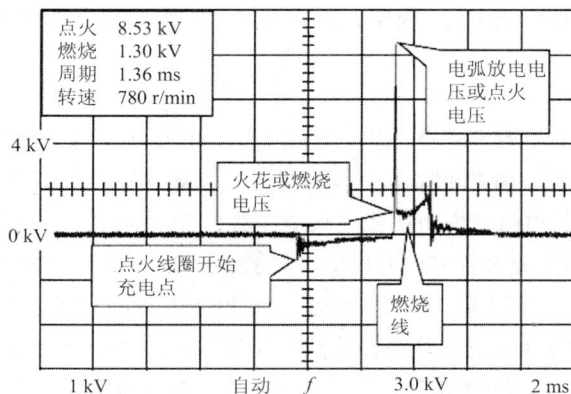

图 1-26　无分电器（DIS）电控直接点火系统次级电路信号的参考波形

一般在高能点火（HEI）系统中，火花塞点火电压大约为 15 kV，且远低于 30 kV。点火电压会随火花塞间隙、发动机压缩比和空燃比（A/F）而变化。在使用双缸同时点火方式的无分电器电控直接点火系统中，处于排气上止点的气缸，火花塞点火时的峰值电压，远小于做功缸火花塞点火时的峰值电压，一般在 5 kV 左右。检测时，应注意观察脉宽（闭合角）是否能随发动机负荷和转速的变化而改变。

（1）次级电路的检测目标：

① 根据线圈充电时间，分析每缸的点火线圈闭合角。

② 根据点火线，分析点火线圈和次级电路性能。

③ 根据燃烧线，确定每缸空燃比（A/F）是否正确。

④ 确认火花塞是否污染或损坏。如火花塞污染或损坏，会导致点火系统失火。

（2）次级电路的检测步骤：

① 如图 1-27 所示，将电容型点火线圈次级电路测试线的一端，接至示波器的信号输入端子，另一端卡在要测的点火线圈次级电路高压线上；将其接地测试线与车身搭铁点连接。

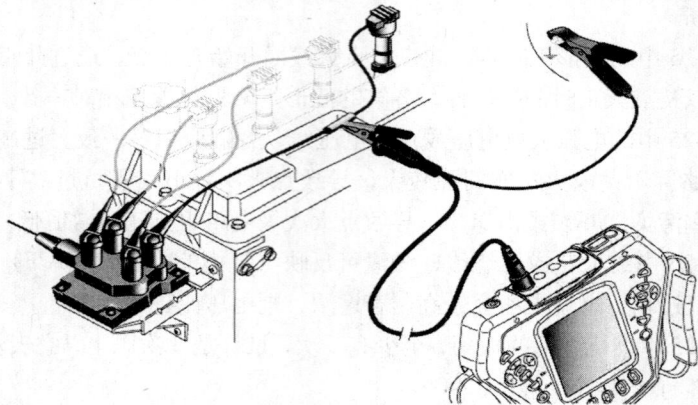

图 1-27 示波器与点火系统的连接示意图

② 起动发动机，踩踏加速踏板使其加、减速，或根据需要使车辆行驶，以再现发动机在怠速或车辆行驶过程中出现的故障。

③ 确认各缸之间波形的幅值、频率、形状和脉宽一致。观察与特定部件对应的波形是否有异常。

（3）故障诊断分析：

① 观察图 1-26 中的波形下降点，此点是点火线圈开始充电点。通过此点，可以判断各缸闭合角的一致性以及点火正时的准确性，各缸的波形下降点位置应相对一致。

② 观察图 1-26 中的电弧放电电压或点火电压线，各缸应相对一致。过高的点火电压线表示由于高压线开路、不良或火花塞间隙较大，导致点火次级电路阻抗过高；过低的点火电压线表示由于火花塞污染、开裂或击穿等，导致点火次级电路阻抗比正常值低。

③ 观察图 1-26 中的火花或燃烧线，该线可反映气缸内的空燃比（A/F）情况，各缸应相对一致。若混合气过稀，则燃烧电压会较高；若过浓，则电压比正常值要低。

④ 观察图 1-26 中的燃烧线，应相当清晰且没有过多的杂波。过多的杂波表示该缸可能由于点火提前角过早、喷油器不良、火花塞污染或其他原因，导致了失火。长的燃烧线（超过 2 ms）表示混合气过浓，而较短的燃烧线（小于 0.75 ms）则表示混合气过稀。

⑤ 观察图 1-26 中燃烧线后的振荡，至少有 2 次，最好是 3 次以上，它表示点火线圈良好。

任务评价

一、工作成果评价

严格按照技术标准规范、对各小组发动机点火系统的检测与诊断程序、行为规范、操作水平、检测精度等进行评价。

点火系统的检测与诊断工作成果评价表

学习目标	评价指标	评价标准	小组评价	教师评价
准备检测	操作程序	正确		
	操作行为	规范		
	操作水平	熟练		
实施检测	操作程序	正确		
	操作行为	规范		
	操作水平	熟练		
	检测精度	达到要求		

二、学习成果评价

按照职业教育技术类技能型人才培养要求，主要评价学生发动机点火系统的检测与诊断知识、能力及技术人员职业特质形成的情况。

发动机点火系统的检测与诊断学习成果评价表

学习目标		评价标准	小组评价	教师评价
知识	点火系统的检测诊断的意义	理解		
	直接点火系统的组成	掌握		
	点火正时灯的用途与使用方法	描述		
	汽车示波器的检测条件使用注意事项	理解并简述		
通用能力	协调能力	了解、运用协调方法		
	沟通能力	了解、运用沟通方法		
	配合能力	了解、运用配合方法		
	方法能力	具有革新意识		
专业能力	点火正时灯的安装	达到职业资格要求的能力水平		
	使用点火正时灯进行检测	达到职业资格要求的能力水平		
	汽车示波器在车上的连接	达到职业资格要求的能力水平		
	使用汽车示波器进行点火波形检测与诊断	达到职业资格要求的能力水平		
	点火波形诊断分析	达到职业资格要求的能力水平		
特质	价值追求	追求标准、规范、精度的职业活动价值		
	思维特点	过程导向思维的认识、建立与习惯养成		
	职业态度	严谨认真、一丝不苟、精益求精的态度		

教师、同学建议：

评价汇总：
A 优秀
B 良好
C 基本掌握

努力方向：

思考与练习

1. 点火正时灯的作用有哪些？如何利用点火正时灯检测发动机点火正时？
2. 如何利用汽车示波器检测发动机点火系统波形？
3. 如何根据直接点火系统初级电路的波形，分析发动机点火系统故障？

任务五　汽油机燃油供给系统的检测与诊断

汽油机燃油供给系统的作用，是根据各传感器提供的信号，控制喷油器的喷油时间和压力。燃油供给系统的工作状况，将直接影响发动机的空燃比，进而对发动机的动力性、经济性和排放性能产生直接影响。

任务目标

了解燃油系统压力检测与诊断的意义；

会使用燃油压力表；掌握各工况下燃油系统压力的检测及诊断分析方法；

掌握喷油器喷油质量的检测与诊断方法；

会利用汽车示波器检测喷油器波形，并对所测得的波形进行诊断分析。

任务描述

汽油机燃油供给系统主要由油箱、电动燃油泵、燃油滤清器、燃油压力调节器、喷油器、进回油管路及控制系统组成。其检测项目主要包括燃油压力检测和工作部件的性能检测。

任务分析

在汽油机工作过程中，通过检测燃油供给系统的压力，可以判断电动燃油泵、燃油压力调节器有无故障，燃油滤清器是否堵塞等。可利用量程为 1 MPa 燃油压力表及专用的油管接头等检测燃油供给系统的压力。

喷油器是汽油机燃油供给系统中故障较多的部件。汽油机燃油喷射系统中相当一部分故障是由于喷油器的堵塞、卡滞、泄漏等所致。喷油器的常用检测方法有：直观检查法、仪表检测法和示波器检测法。

相关知识

一、电控燃油喷射系统

电控燃油喷射系统按有无回油管可分为回流型和无回流型两种燃油喷射系统。

在回流型燃油喷射系统中，燃油通过进油管和燃油滤清器，通过进油口到达喷油器和燃油压力调节器。当燃油压力足够高时，燃油压力调节器开启，流出燃油压力调节器的燃油进入回油管，返回油箱，如图1-28所示。

　　为保证足够的燃油压力和容量，回流型燃油喷射系统最终向喷油器泵出的油量常常是比实际需要的多，一个燃油分子在最终流经喷油器并转化成能量之前，要在燃油轨道内进行多达 30 次的往返流动才最终到达发动机。而在每次流动中，燃油都会吸收热量，使燃油温度升高，而温度升高的部分燃油又返回到油箱里。在炎热的夏日，油箱里的温度会超过 160°F（约 70 ℃），这是燃油蒸发的基础温度。即使油箱里蒸发的燃油蒸汽存放得当，它还是会造成多种汽车驱动性能方面的故障。

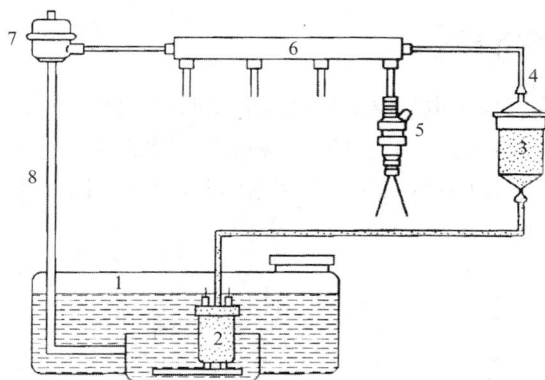

图 1-28　回流型燃油喷射系统

1—油箱；2—燃油泵；3—燃油滤清器；4—进油管；5—喷油器；

6—油轨；7—燃油压力调节器；8—回油管

　　为了克服油箱中产生的燃油蒸汽问题，一些汽车制造商推出了新的燃油系统，新系统把燃油从燃油箱到发动机往返流动的次数减少到只有一次。在这些新的燃油系统中，由于没有设置未使用燃油从发动机流回油箱的回流管路，因此它便被称为"无回流型燃油喷射系统"。这种在 20 世纪 90 年代中期推出的无回流燃油系统，目前已经得到了广泛的应用。

　　在无回流型燃油喷射系统中，燃油通过油箱底部的燃油滤网后，被输送到燃油泵。燃油泵向发动机提供所需的燃油压力和燃油量，多余未使用的燃油通过压力调节器又被送回到油箱里，如图 1-29 所示。

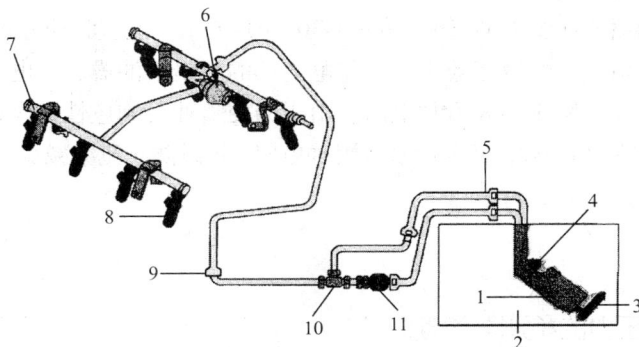

图 1-29　无回流型燃油喷射系统

1—燃油泵；2—油箱；3—滤网；4—燃油压力调节器；5—回油管；6—燃油脉动阻尼器；

7—油轨；8—喷油器；9—供油管；10—T 形接头；11—燃油滤清器

无回流燃油喷射系统的压力调节器与发动机之间没有真空连接，因此，这个压力调节器的作用是，无论发动机运行状况如何变化，它都将保持稳定的系统压力。为了确保发动机在当前工况下总是得到刚好合适的燃油量，电子控制单元要相应地快速改变喷油器的脉冲宽度。在一些比较新型的燃油系统中，燃油压力传感器向电子控制单元提供系统压力信息，电子控制单元通过修正脉冲宽度，对燃油泵动力供应系统做出响应，调节系统压力和不需使用的燃油量。因此，这种新型的燃油系统完全取消了独立的压力调节器。

二、喷油器的驱动方式

喷油器的驱动方式可分为电压驱动和电流驱动两种方式。各车型装用的喷油器，按其线圈的电阻值可分为高阻（电阻为 $13 \sim 16\Omega$）和低阻（电阻为 $2 \sim 3\Omega$）两种类型。电流驱动只适用于低阻喷油器，电压驱动既可用于低阻喷油器，又可用于高阻喷油器，如图 1-30 所示。高阻喷油器常采用电压驱动方式。

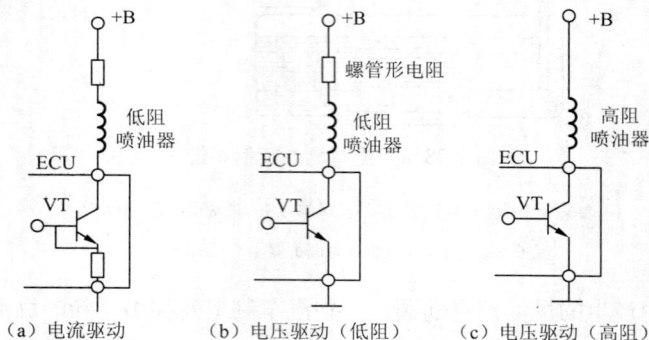

图 1-30　喷油器的驱动方式

如图 1-30（a）所示，在电流驱动回路中无附加电阻，低阻喷油器直接与蓄电池连接，通过 ECU 中的晶体管对流过喷油器电磁线圈的电流进行控制。由于无附加电阻，回路阻抗小，开始导通时，大电流使针阀迅速打开，使喷油器具有良好的响应性。针阀打开后，需要的保持电流较小，可以防止喷油器线圈发热，减少功率消耗。

电压驱动方式的原理如图 1-30（b）和图 1-30（c）所示。电压驱动方式的驱动能力较低，可直接驱动线圈电阻值高、线圈匝数多、工作电流小的高阻喷油器。在电压驱动回路中使用低阻喷油器时，必须在回路中串入附加电阻。由于为使喷油器响应性好，在低阻喷油器中减少了电磁线圈匝数以减少电感；在回路中加入附加电阻，可以防止匝数减少后线圈中电流加大，造成线圈发热而损坏。

任务实施

一、燃油系统压力的检测与诊断

1.燃油压力表的安装

（1）将燃油系统泄压。

注意：起动发动机，在发动机运转过程中拔下电动燃油泵继电器（或拔下燃油泵电源插头），待发动机自行熄火后，再转动起动开关，起动发动机 2 ~ 3 次，燃油压力即可基本释放。

（2）拆下蓄电池负极搭铁线。

（3）拆除燃油系统泄压孔螺栓。

注意：拆除螺栓时，要用一块棉布包住油管接头，以防汽油喷溅。如图 1-31（a）所示，将燃油压力表和油管一起安装在测压孔接头上；也可以安装在燃油滤清器油管接头上，或用三通接头接在燃油管道上便于安装和观察的任何部位，如图 1-31（b）所示。

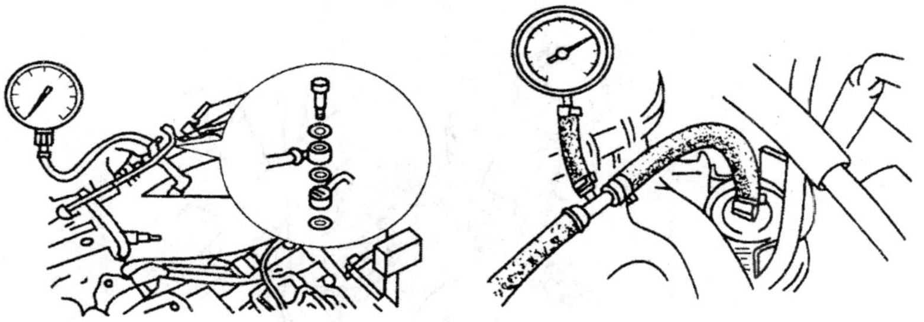

（a）　　　　　　　　　　　　（b）

图 1-31　油压表的安装

（4）擦干溅出的燃油，重新装上蓄电池负极搭铁线。

2. 静态压力的检测

（1）拔下燃油泵继电器，用导线将燃油泵的供电端子短接。

（2）打开点火开关，但不要起动发动机，让燃油泵运转。

（3）测量此时的燃油压力，其值应符合本车型技术要求的规定值。

（4）将点火开关置于 OFF 位置，拔掉短接导线。

3. 保持压力的检测与诊断

测量燃油系统静态燃油压力结束 5 min 后，再观察燃油压力表显示的燃油压力。此时的压力称为燃油系统保持压力，其值应符合本车型技术要求的规定值。

4. 动态压力的检测

（1）起动发动机，让发动机怠速运转，测量燃油压力，如图 1-32（a）所示。其值应符合本车型技术要求的规定值。

（2）缓慢踩下加速踏板，测量在节气门接近全开时的燃油压力，其值应符合本车型技术要求的规定值。

（3）拔下燃油压力调节器上的真空软管，并用手堵住，如图 1-32（b）所示。让发动机怠速运转，测量此时的燃油压力。该压力应与节气门全开时的燃油压力基本相等。

5. 燃油泵最大压力和保持压力的检测

（1）将燃油系统泄压。

（2）拆下蓄电池负极搭铁线。

（3）将燃油压力表接在燃油管路上，并将出油口塞住，如图 1-33 所示。

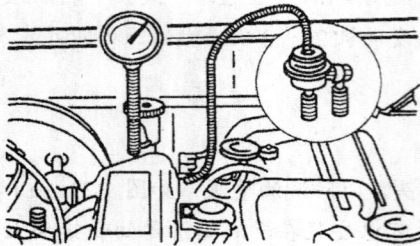

（a）　　　　　　　　　　　　　　（b）

图 1-32　动态压力的检测

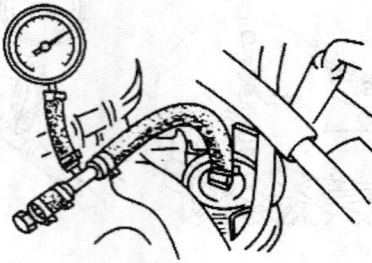

图 1-33　燃油泵最大压力的检测

（4）接上蓄电池负极搭铁线。

（5）拔下燃油泵继电器，用导线将燃油泵的供电端子短接。

（6）打开点火开关，但不要起动发动机，让燃油泵运转 10 s 左右，同时读出燃油压力表的读数，该压力即为燃油泵的最大压力。其值应符合本车型技术要求的规定值（通常比发动机运转时的燃油压力高 200～300 kPa）。

（7）将点火开关置于 OFF 位置，5 s 后再观察燃油压力表的读数，此时的压力即为燃油泵的保持压力。其值应符合本车型技术要求的规定值。

（8）拆下燃油压力表。

6.燃油压力调节器保持压力的检测

（1）将燃油系统泄压。

（2）拆下蓄电池负极搭铁线，将燃油压力表接在燃油管路上。

（3）接上蓄电池负极搭铁线，拔下燃油泵继电器，用导线将燃油泵的供电端子短接。

（4）打开点火开关，但不要起动发动机，让燃油泵运转 10 s 左右。

（5）将点火开关置于 OFF 位置，拔下短接导线。

（6）用包上软布的钳子将燃油压力调节器的回油管夹紧，5 min 后观察燃油压力，该压力即为燃油压力调节器的保持压力。

（7）拆下燃油压力表。

7.检测结果的诊断分析

（1）若发动机运转过程中油压过低，可能是燃油泵供油不足、油压调节器损坏、燃油滤清器堵塞、管路或喷油器泄漏所致。

（2）在怠速运转过程中，夹住油压调节器回油管，此时油压表的指示压力应提高 2 ～ 3 倍，否则说明燃油泵供油不足。

（3）若保持油压过低，重新建立油压，夹住油压调节器回油管，如果 5 min 后保持油压正常，说明油压调节器回油口关严。

（4）如果夹住回油管后保持油压仍低于标准值，则夹住油压调节器的进油管，若此时保持油压不再回落，则为燃油泵单向阀不良。燃油泵单向阀损坏时，发动机熄火后，油压表的指示压力迅速回落到"0"。

（5）若系统油压过低，拔下油压调节器的真空管后有油滴出，说明油压调节器膜片破裂。

（6）如果燃油压力过高，可能是油压调节器有故障，或是回油管堵塞。

二、喷油器喷油质量的检测与诊断

可以用喷油器试验台检测喷油器的喷油量和雾化质量。如无喷油器试验台，也可采用以下简易方法进行检测。

（1）断开点火开关，将燃油分配管和喷油器一同拆下，用软管将燃油分配管的进口与燃油滤清器的出口可靠地连接起来，同时将另一根软管连接油压调节器的回油口与回油管，如图 1-34 所示。

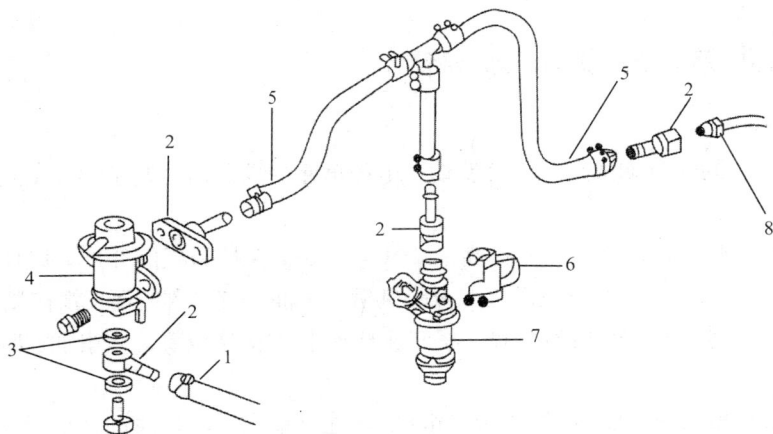

图 1-34　组装喷油器测试件

1—回油管；2—管接头；3—垫圈；4—燃油压力调节器；5—软管；

6—油管连接卡；7—喷油器；8—进油管

（2）将点火开关置于 ON 位置，短接燃油泵使之运转，建立起系统油压。观察喷油器有无漏油。泄漏量每 2 min 不允许超过一滴，否则应更换喷油器。

（3）将喷油器放置在一个较高的量筒上，给喷油器提供 12 V 的电压（注意：供电电流不应超过 1A），持续时间为 15 s。观察喷油的雾化情况，参考图 1-35，判断喷油器喷油的雾化质量。同时测量并记录喷油量。每个喷油器重复测试 2 ～ 3 次。

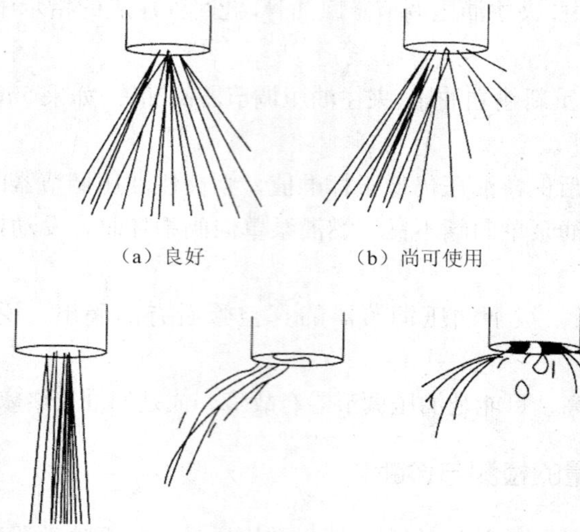

（a）良好　　　　　　（b）尚可使用

（c）差

图 1-35　喷油器喷油状况

（4）各喷油器的喷油量及各喷油器之间喷油量的误差，均应符合规定；否则，应清洗或更换喷油器。如果所有喷油器的喷油量均超过或低于规定值，则应对系统的油压进行检测。

三、喷油器的示波器检测与诊断分析

1. 检测步骤

（1）将通道 A 的红色测试线与来自发动机电控单元的控制信号端子相连；示波器接地线与喷油器接地线相连。

（2）起动发动机，将发动机转速提高至 2 500 r/min；保持节气门开度，以使发动机以上述转速稳定运转 2 ~ 3 min；直到发动机充分暖机后，燃油系统进入闭环反馈控制状态。

（3）关闭 A/C 等所有附加电器装置，将变速杆置于 P 或 N 位置，观察加速时喷油器开启时间的变化。

（4）提高发动机转速，使其在 2 500 r/min 的转速下稳定运转，通过真空管入口，向进气管中喷入丙烷，使混合气变浓，观察喷油器开启时间的变化；把丙烷输入端移离真空管，人为制造真空泄漏，使混合气变稀，观察此时喷油器开启时间的变化。

（5）使用杂波捕捉模式，观察喷油器开启时间的突变。按 HOLD 键冻结波形，以便仔细检查。喷油器实测波形如图 1-36 所示。

2. 波形诊断分析

（1）在发动机加速时，如果系统工作正常，喷油器的开启时间应相应地增加。

（2）加入丙烷，混合气变浓，喷油器的开启时间应减小；人为制造真空泄漏，使混合气变稀，此时喷油器开启时间应增加。否则，说明系统仍工作在开环怠速模式下，或氧传感器工作不良。

（3）一般来讲，发动机在 2 500 r/min 的转速下稳定运转，混合气浓度从最浓至最稀变化时，

喷油器的开启时间在 0.25 ~ 0.5 ms 变化。发动机在怠速时,喷油器的开启时间在 1 ~ 6 ms 变化;冷机起动或节气门全开时,喷油器的开启时间在 6 ~ 35 ms 变化。

(4) 不同发动机关断尖峰值不同,正常范围是 30 ~ 300 mV。有些喷油器的峰值被钳位二极管限制在 30 ~ 60 V,可以用尖峰上的平顶代替顶点来确认峰值。在这种情况下匝数少的喷油器并不减少峰值的高度,除非线圈的匝数过少。如果所测波形有异常,应更换喷油器。

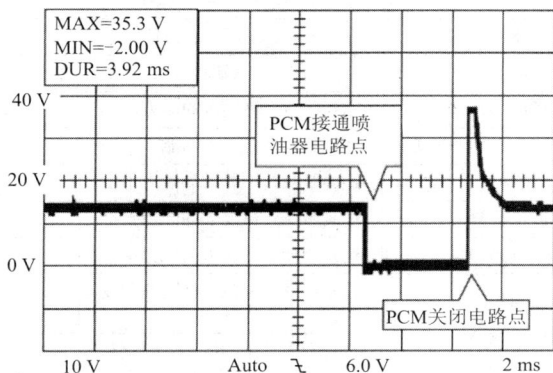

图 1-36 喷油器实测波形

任务评价

一、工作成果评价

严格按照技术标准规范、对各小组汽油发动机燃油系统的检测与诊断程序、行为规范、操作水平、检测精度等进行评价。

燃油系统检测与诊断工作成果评价表

学习目标	评价指标	评价标准	小组评价	教师评价
准备检测	操作程序	正确		
	操作行为	规范		
	操作水平	熟练		
实施检测	操作程序	正确		
	操作行为	规范		
	操作水平	熟练		
	检测精度	达到要求		

二、学习成果评价

按照职业教育技术类技能型人才培养要求,主要评价学生汽油发动机燃油系统检测与诊断知识、能力及技术人员职业特质形成的情况。

燃油系统检测学习成果评价表

	学习目标	评价标准	小组评价	教师评价
知识	燃油系统压力检测与诊断的意义	理解		
	电控燃油喷射系统的组成	描述		
	喷油器的驱动方式	理解并简述		
通用能力	协调能力	了解、运用协调方法		
	沟通能力	了解、运用沟通方法		
	配合能力	了解、运用配合方法		
	方法能力	具有革新意识		
专业能力	安装燃油压力表	达到职业资格要求的能力水平		
	在不同工况下检测燃油压力	达到职业资格要求的能力水平		
	喷油器喷油质量的检测与诊断	达到职业资格要求的能力水平		
	喷油器的示波器检测与诊断	达到职业资格要求的能力水平		
	检测结果的诊断分析	达到职业资格要求的能力水平		
特质	价值追求	追求标准、规范、精度的职业活动价值		
	思维特点	过程导向思维的认识、建立与习惯养成		
	职业态度	严谨认真、一丝不苟、精益求精的态度		

教师、同学建议：

评价汇总：
A 优秀
B 良好
C 基本掌握

努力方向：

思考与练习

1. 检测燃油系统压力时，如何正确安装燃油压力表？
2. 如何根据燃油系统的检测压力，分析燃油系统的技术状况？
3. 利用汽车示波器检测喷油器波形，并对所测得的波形进行分析。

任务六 发动机排放性能的检测与诊断

随着汽车保有量的迅速增加，发动机排放的废气污染了大气环境，严重影响了人类的身体健康，已成为社会公害之一。因此，发动机排放性能的检测，被列为汽车安全环保检测的必检项目。

任务目标

了解发动机排放污染物的主要成分及危害；

了解检测发动机排放污染物的设备及使用方法；

掌握常用的发动机排放污染物的检测方法。

任务描述

现行的在用国家标准《点燃式发动机汽车排气污染物排放限值及测量方法（双怠速法及简易工况法）》（GB 18285—2005），规定了点燃式汽油发动机怠速和高怠速工况排气污染物排放限值及测量方法；国家标准《车用压燃式发动机和压燃式发动机汽车排气烟度排放限值及测量方法》（GB 3847—2005），规定了车用压燃式发动机要求进行自由加速试验。在进行汽车发动机排放污染物检测时，必须根据相应的国家标准进行。

任务分析

汽油发动机排放的污染物主要是一氧化碳（CO）、碳氢化合物（HC）和氮氧化物（NO_x）。柴油发动机排放的污染物主要是NO_x和碳烟微粒（PM）。排气中还可能含有硫化物及其他一些有害气体。

发动机排气中的CO、NO、HC和CO_2等气体，都分别具有吸收一定波长范围红外线的性质，而红外线被吸收的程度与排气浓度之间有一定的关系。国家标准对汽油发动机怠速排放污染物规定了限值，并特别指出对于汽油发动机排气污染物，应采用不分光红外线分析仪（NDIR）进行检测。

按照国家标准规定进行车用柴油机排放污染物检测时，自由加速试验应该在车上进行，试验前不应长时间怠速，以免燃烧室温度降低或积污。在自由加速工况下采用不透光式烟度计，从排气管中抽取一定量的排气（或者全部的排气），通过不透光式烟度计的平行光源，检测黑烟对平行光照射的阻挡程度，来判定该试验车辆的烟度排放是否满足标准。这种试验方法称为采用不透光式烟度计测试的自由加速烟度法。

相关知识

一、发动机排气污染物的主要成分及危害

1. 一氧化碳（CO）

CO是汽油烃类成分燃烧的中间产物，理论上，当混合气空燃比 ≥ 14.7∶1 时，即在 O_2 充足的情况下，排气中将不含CO而代之产生 CO_2 和未参加燃烧的 O_2。但现实中由于混合气的分布并不均匀，总会出现局部缺氧的情况。当空气量不足，即混合气空燃比 ≤ 14.7∶1 时，必然会有部分燃料不能完全燃烧而生成CO。

CO是一种无色、无刺激的气体，是汽车及内燃机排气中有害浓度最大的成分。CO与血液中的血红蛋白结合的速度比 O_2 快250倍。CO经呼吸道进入血液循环，与血红蛋白亲合后生成碳氧血红蛋白，从而削弱血液向各组织输送氧的功能，危害中枢神经系统，造成人的感觉、反应、理解、记忆力等机能障碍，重者危害血液循环系统，导致生命危险。所以，即使是微量吸入一氧化碳，也可能给人造成可怕的缺氧性伤害。

2. 碳氢化合物 HC

排气中的HC是由未燃烧的燃料烃、不完全氧化产物以及燃烧过程中部分被分解的产物所组成的。碳氢化合物总称烃类，是发动机未燃尽的燃料分解产生的气体，汽车排放污染物中的未燃烃的20%～25%来自曲轴箱窜气；20%来自汽油的蒸发；其余55%～60%由排气管排出。

单独的HC只有在浓度相当高的情况下才会对人体产生影响，一般情况下作用不大，但它却是产生光化学烟雾的主要成分。

3. 氮氧化合物（NO_x）

氮氧化合物主要是指由排气管排出的NO和 NO_2。发动机排气中的 NO_x 是由于燃烧室内高温燃烧而产生的，空气中的氮经过氧化首先生成NO，然后与大气中的 O_2 相遇又生成 NO_2。

高浓度的NO能引起神经中枢的障碍，并且容易氧化成剧毒的 NO_2，NO_2 有特殊的刺激性臭味，严重时会引起肺气肿。在 NO_2 浓度为 9.4 mg/m³ 的空气中暴露 10 min，即可造成人的呼吸系统功能失调。

HC与 NO_x 的混合物在紫外线作用下进行光化学反应，由光化学过氧化物而形成的黄色烟雾现象称为"光化学烟雾"。其主要成分是臭氧（O_3）、醛类、硝酸酯类等多种复杂化合物。这种光化学烟雾对人体最突出的危害是刺激眼睛和上呼吸道黏膜，引起眼睛红肿和喉炎。

4. 碳烟（PM）

碳烟是柴油发动机燃料燃烧不完全的产物，其内含有大量的黑色碳颗粒。碳烟能影响道路上的能见度，并因含有少量的带有特殊臭味的乙醛，往往引起人们恶心和头晕。为此，包括我国在内的不少国家都规定了最大允许的烟度值，并规定了测量方法。

5. 硫化物

汽车尾气中硫化物的主要成分是 SO_2。当汽车使用催化净化装置时，就算很少量的 SO_2 也会逐渐在催化剂表面堆积，造成催化剂中毒，不但影响催化剂的使用寿命，还危害人体健康，

而且 SO_2 还是造成酸雨的主要物质。

6. 二氧化碳

世界工业化进程引起的能源大量消耗，导致大气中 CO_2 的浓度剧增。其中约30%来自汽车排气。CO_2 为无色无毒气体，对人体无直接危害，但大气中的 CO_2 大幅度增加，因其对红外热辐射的吸收而形成的温室效应，会使全球气温上升、南北极冰层溶化；海平面上升；大陆腹地沙漠趋势加剧，使人类和动植物赖以生存的生态环境遭到破坏。由于 CO_2 是含碳燃料燃烧的必然产物，所以对汽车产业界来说，降低 CO_2 排放就是要求降低汽车的油耗。

上述污染物的排放中，汽油机排放的 CO、HC、NO_x 均比柴油机多，碳烟的排放则柴油机高于汽油机。

二、不分光红外线气体分析仪

如图1-37所示，红外线被吸收的程度与排气浓度之间有一定的关系。不分光红外线检测法就是根据这一原理，即利用排气吸收一定波长红外线后能量的变化，来检测排气中各种污染物的含量。在各种气体混在一起的情况下，这种检测方法具有测量值不受影响的特点。

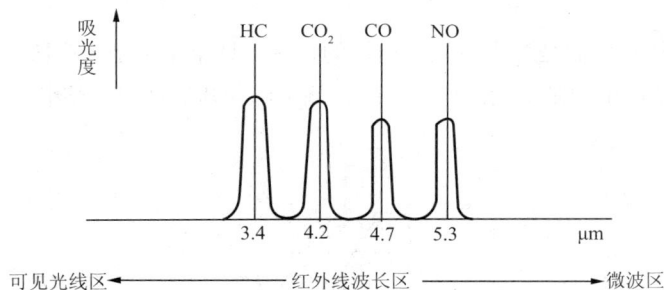

图1-37　四种气体吸收红外线的情况

利用不分光红外线检测法制成的分析仪，根据检测气体的数目，可分为单气体分析仪、两气体分析仪、四气体分析仪和五气体分析仪。

单气体分析仪仅能检测 CO 或 HC 等气体中一种气体的含量；两气体分析仪能检测 CO 和 HC 两种气体的含量；四气体分析仪能检测 CO、HC、CO_2、O_2 四种气体的含量和过量空气系数（λ）；五气体分析仪能检测 CO、HC、CO_2、O_2、NO_x 五种气体的含量和过量空气系数（λ）。

五气体分析仪主要由取样探头、把手、前置过滤器、取样管及仪器主机等几部分组成，如图1-38所示。取样探头用于插入排气管内收集废气；前置过滤器用于过滤废气中的灰尘和杂质；仪器主机包括除水器、粉尘过滤器、风扇、转速传感器、油温传感器等，主要用于对气体含量进行分析、处理，结果的显示和打印等。不同厂家生产的五气体分析仪的外观及面板布置会存在部分差异，但其基本组成及功能大致相同。

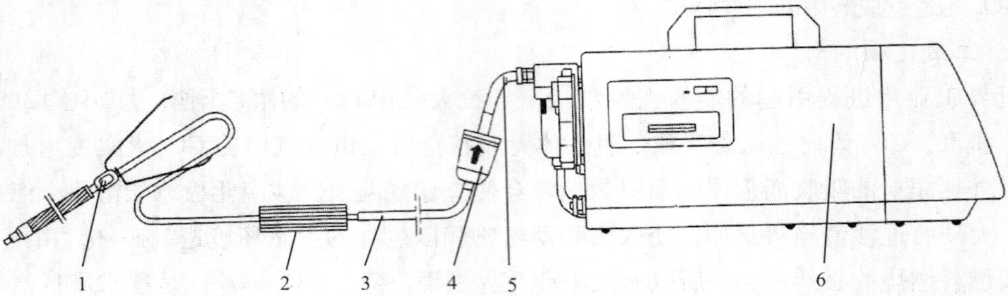

图 1-38 五气体分析仪

1—取样探头；2—把手；3—取样管；4—前置过滤器；5—短导管；6—仪器主机

三、不透光式烟度计

在自由加速工况下采用不透光式烟度计，从排气管中抽取一定量的排气（或者全部的排气），通过不透光式烟度计的平行光源，检测黑烟对平行光照射的阻挡程度，来判定该试验车辆发动机的烟度排放是否满足标准。这种试验方法称为采用不透光式烟度计测试的自由加速烟度法。

不透光式烟度计测试的是黑烟阻挡光通过的程度，计量单位是光吸收系数，以 m^{-1} 表示。典型的不透光式烟度计由控制单元、连接电缆、测量单元及取样探头等组成，如图 1-39 所示。

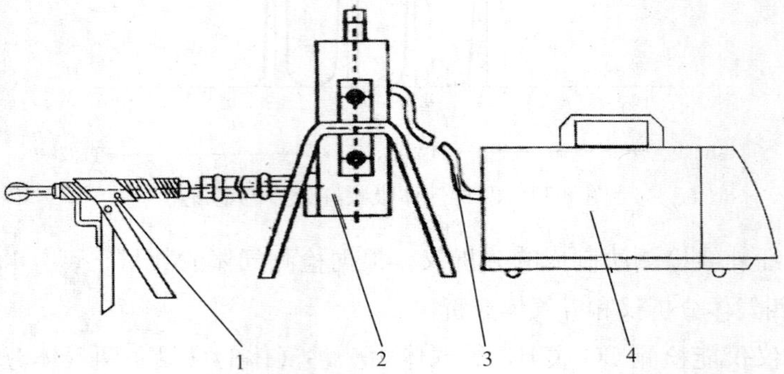

图 1-39 不透光式烟度计

1—取样接头；2—测量单元；3—连接电缆；4—控制单元

任务实施

一、汽油发动机排放污染物的检测

按照 GB 18285—2005《点燃式发动机汽车排气污染物排放限值及测量方法（双怠速法及简易工况法）》的规定，点燃式汽油发动机应在怠速和高怠速两种工况下测量。怠速工况是指发动机运转；离合器处于接合位置；加速踏板与节气门处于松开位置；变速器处于空挡位置。

高怠速工况是指用加速踏板将发动机转速稳定控制在 50% 额定转速或制造厂技术文件中规定的高怠速转速时的工况。在 GB 18285—2005《点燃式发动机汽车排气污染物排放限值及测量方法（双怠速法及简易工况法）》中，轻型发动机的高怠速转速规定为（2 500±100）r/min，重型车的高怠速转速规定为（1 800±100）r/min。具体检测方法如下：

1. 仪器准备

（1）按仪器使用说明书的要求做好各项检查工作。

（2）接通电源，按操作说明书要求预热仪器并进行自动泄漏检查。

（3）仪器自动调整到零点。

（4）把取样探头置于洁净空气中，完成分析仪抽气流量检查。如抽气流量不符合要求，应对照操作说明书，仔细检查取样探头、前置过滤器、粉尘过滤器等是否堵塞。

2. 车辆或发动机的准备

（1）被检测车辆处于制造厂规定的正常状态，发动机进气系统应装有空气滤清器，排气系统应装有排气消声器，并不得有泄漏。

（2）发动机上应安装转速计、点火正时仪、冷却液和润滑油测温计等测量仪器。测量时，发动机冷却液和润滑油温度应不低于 80 ℃，或者达到发动机使用说明书规定的热车状态。

3. 测量步骤

（1）安装取样探头。将取样探头插入排气管中，深度不少于 400 mm，并固定在排气管上。

（2）高怠速状态检测。发动机从怠速状态加速至 70% 额定转速，运转 30 s 后降至高怠速状态。维持 15 s 后，由具有平均值功能的仪器读取 30 s 内的平均值，或者人工读取 30 s 内的最高值和最低值，其平均值即为高怠速污染物测量结果。对于使用闭环控制电子燃油喷射系统和三元催化转化器的发动机，还应同时读取过量空气系数（λ）的数值。

（3）怠速状态检测。发动机从高怠速降至怠速状态，维持 15 s 后，由具有平均值功能的仪器读取 30 s 内的平均值，或者人工读取 30 s 内的最高值和最低值，其平均值即为怠速污染物测量结果。

注意：在以上检测中，若发动机为多排气管时，取各排气管测量结果的算术平均值作为测量结果；若发动机排气管长度小于测量深度时，应使用排气加长管。

（4）测量工作结束后，把取样探头从排气管里抽出来，让它吸入新鲜空气 5 min，待仪器指针回到零点后再关闭电源。

二、柴油发动机排放污染物的检测

根据 GB 3847—2005《车用压燃式发动机烟度排放限值及测量方法（双怠速法及简易工况法）》规定，自由加速试验应该在车上进行，试验前不应长时间怠速，以免燃烧室温度降低或积污。被检车辆的每个自由加速循环的起点均应处于怠速状态。对于装有重型汽车柴油机的车辆，将加速踏板松开后至少应等待 10 s。在进行自由加速测量时，必须在 1 s 内，将加速踏板快速、连续地完全踏到底，使喷油泵在最短时间内供给最大供油量。

对每一个自由加速测量，在松开加速踏板前，发动机必须达到断油点转速。对带自动变速器的车辆，则应达到制造厂声明的转速（如果没有该数据值，则应达到断油转速的 2/3）。关于这一点，在测量过程中必须进行检查，例如，通过监测发动机转速，或延长加速踏板踏到底后与松开加速踏板前的间隔时间，对于重型汽车，该间隔时间应至少为 2 s。具体检测方法如下：

1. 仪器准备

（1）检测系统连接。按操作说明书要求，完成检测仪器取样探头、测量单元及主机的连接，各连接部位不得漏气。

（2）进行仪器预热。按操作说明书要求，通电后预热仪器。

（3）仪器校准。按仪器提示步骤，进行仪器校准。

2. 车辆或发动机的准备

（1）必须确保发动机处于热状态，并且机械状态良好，排气系统不得有泄漏。

（2）安装监测仪表。在被检车辆的发动机上安装转速测量仪、润滑油温度测量仪。发动机润滑油温度应不低于 80℃，发动机也应处于正常运转温度。

注意：因车辆结构，无法进行温度测量时可以通过其他方法使发动机处于正常运转温度。

（3）采用至少三次自由加速过程或其他等效方法对排气系统进行吹拂。

3. 不透光式烟度计的安装要求

（1）取样探头与排气管的横截面积之比不应小于 0.05，在排气管中探头开口处测得的背压不应超过 735 kPa。

（2）探头应是一根管子，其开口端向前并位于排气管或其延长管的轴线上。探头应位于烟气分布大致均匀的断面上。为此，探头应尽可能地放置在排气管的下端，必要时放在延长管上。

（3）取样系统应保证在发动机所有转速下，不透光式烟度计内样气的压力在限值范围内。

（4）连接不透光式烟度计的各种管子应尽可能地短，管道应从取样点倾斜向上至不透光式烟度计，且应避免出现急弯。

4. 测量步骤

（1）应保证管插入深度不小于 300 mm，否则排气管应加接管，并保证接口不漏气。

（2）发动机在每个自由加速循环的起点均处于怠速状态。对重型车发动机，将加速踏板松开后至少要等待 10 s。

（3）将取样探头插入汽车排气管内，汽车保持怠速状态，仪器确定启动和停止试验的域值。

（4）怠速状态检测完成后操作员按仪器提示"请加速"，迅速踩下车辆的加速踏板，使发动机升至高转速，当仪器出现"请减至怠速，并保持"的提示后，立即松开加速踏板，使发动机恢复到怠速状态。

（5）仪器在急剧加速的过程排烟的不透光超过启动阈值时，开始自动采集数据一直到不透光降到停止阈值时，从采样的数据中找出最大值，作为本次的测量结果。

（6）汽车自由加速试验至少应重复 6 次，如果光吸收系数示值连续 4 次均在 $0.25\ m^{-1}$ 的带宽内，并且没有连续下降趋势，则将这 4 次示值的算术平均值作为测量结果。

三、检测结果的诊断分析

1. 汽油发动机

汽油发动机故障对排放的影响如表 1-1 所示。

表 1-1　汽油发动机故障对排放的影响

故障原因	HC	CO	CO_2	NO_x	O_2
混合气过稀	增加	下降	下降	增加	增加
混合气过浓	增加	增加	下降	下降	下降
点火缺火	增加	下降	下降	下降	下降
点火过早	增加	不变或略降	不变	增加	不变
点火过迟	增加	不变	下降	增加	不变
个别缸不工作	增加	下降	下降	下降	增加
缸压过低	增加	下降	下降	下降	增加
排气管泄漏	下降	下降	下降	不变	增加
三元催化器不工作	增加	增加	下降	不变	增加
二次喷射系统故障	增加	增加	下降	不变	下降
EGR 阀泄漏	增加	不变	不变或略降	略降	不变

2. 柴油发动机

柴油发动机排气烟度超标，主要是供油系统调整不当所致。柴油发动机排黑烟的主要原因为喷油量过多、喷油器雾化不良、各缸喷油量不均匀、喷油时间过早、空滤器堵塞、调速器调整不当、柴油质量差等。此外，气缸密封性不良也会影响混合气的燃烧状况，造成柴油发动机烟度超标。

🚗 任务评价

一、工作成果评价

严格按照技术标准规范、对各小组发动机排放性能的检测与诊断程序、行为规范、操作水平、检测精度等进行评价。

排放性能检测与诊断工作成果评价表

学习目标	评价指标	评价标准	小组评价	教师评价
准备检测	操作程序	正确		
	操作行为	规范		
	操作水平	熟练		
实施检测	操作程序	正确		
	操作行为	规范		
	操作水平	熟练		
	检测精度	达到要求		

二、学习成果评价

按照职业教育技术类技能型人才培养要求，主要评价学生发动机排放性能检测与诊断知识、能力及技术人员职业特质形成的情况。

排放性能检测学习成果评价表

学习目标		评价标准	小组评价	教师评价
知识	发动机排放污染物检测的意义	了解		
	发动机排放污染物的主要成分及危害	了解		
	不分光红外线气体分析仪的基本原理、组成和功能	描述		
	不透光式烟度计的基本原理、组成和功能	描述		
通用能力	协调能力	了解、运用协调方法		
	沟通能力	了解、运用沟通方法		
	配合能力	了解、运用配合方法		
	方法能力	具有革新意识		
专业能力	仪器的准备	达到职业资格要求的能力水平		
	受检车辆或发动机的准备	达到职业资格要求的能力水平		
	仪器的安装	达到职业资格要求的能力水平		
	发动机排放性能的检测	达到职业资格要求的能力水平		
	检测结果的诊断分析	达到职业资格要求的能力水平		
特质	价值追求	追求标准、规范、精度的职业活动价值		
	思维特点	过程导向思维的认识、建立与习惯养成		
	职业态度	严谨认真、一丝不苟、精益求精的态度		

教师、同学建议：

评价汇总：
A 优秀
B 良好
C 基本掌握

努力方向：

思考与练习

1. 发动机排放污染物检测的主要成分有哪些？有何危害？
2. 利用气体分析仪检测汽油发动机的排放，并对检测结果进行分析。
3. 利用不透光式烟度计检测车用柴油机的排放烟度。

项目二
汽车底盘的检测与诊断

汽车底盘包括传动系统、行驶系统、转向系统和制动系统。汽车底盘的技术状况，不仅影响汽车的动力性和经济性，而且直接关系到整车行驶的操纵稳定性和安全性，因此汽车底盘的检测也是汽车检测的一项重要内容。

项目目标

通过本项目的学习，使学生了解汽车底盘检测与诊断项目的主要内容：

- 会使用相关的检测仪器和设备；
- 掌握汽车底盘主要检测项目的检测方法；
- 能够正确分析汽车底盘的检测数据及诊断汽车底盘的技术状况。

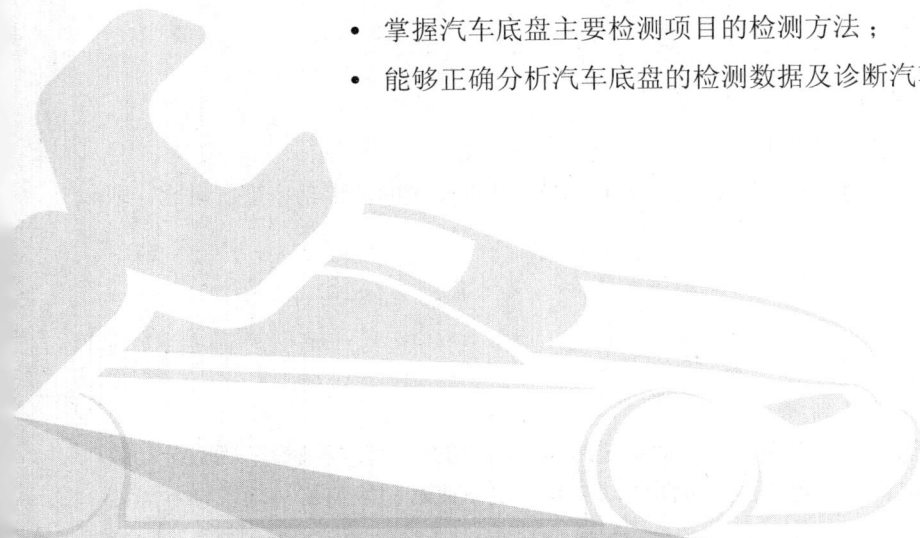

任务一　传动效率的检测与诊断

汽车传动效率属于汽车动力性检测项目。在用汽车随使用时间的延长,传动效率逐渐降低,动力性能逐渐下降,如果不能达到高速行驶的要求,不仅降低了汽车的运输效率,还会成为造成交通拥堵的潜在因素。因此,在用汽车传动效率的检测与诊断越来越受到重视。

任务目标

了解汽车传动效率检测与诊断的有关概念及意义;

理解汽车传动效率检测与诊断的基本原理;

掌握汽车驱动轮功率或驱动力的检测方法;

能够根据检测结果对汽车传动系统的技术状况进行诊断和分析。

任务描述

车辆传动效率的高低,说明了消耗于离合器、变速器、万向传动装置、主减速器和差速器、轮毂轴承等处功率的多少。进行汽车传动效率的检测,必须进行汽车驱动轮功率或驱动力的检测,即通常所说的底盘测功。底盘测功在滚筒式试验台上进行,该试验台通常称为底盘测功试验台或底盘测功机。

任务分析

确定汽车传动效率,首先应检测发动机的飞轮输出功率与汽车驱动车轮的输出功率。假设发动机的飞轮输出功率为 P_e,经传动系统传至驱动轮的过程中,若传动系统输出功率为 P_k,则传动系统的传动效率为

$$\eta_m = P_k / P_e$$

式中　P_k——驱动车轮输出功率,kW;

　　　P_e——发动机飞轮输出功率,kW。

从底盘测功试验台上测出驱动车轮的输出功率,与发动机飞轮的输出功率进行对比,即可计算出汽车传动效率。

相关知识

一、汽车传动效率

汽车传动效率是发动机的输出功率与传动系统的输出功率的比值。当被检车辆的传动效率降低时,说明消耗于离合器、变速器、万向传动装置、主减速器和差速器、轮毂轴承等处

的功率增加。损耗的功率主要集中在各运动件的摩擦损耗和搅油损耗上。因此，通过正确的调整和合理的润滑，传动效率会得到提高。新车的传动效率通常不是最高的，只有传动系统完全磨合后，由于配合情况良好，摩擦力减小，才使得传动效率达到最大值。此后，随着车辆继续使用，由于磨损逐渐扩大，配合情况逐渐恶化，造成摩擦损失不断增加，传动效率将逐渐降低。

二、滚筒式底盘测功试验台

滚筒式底盘测功试验台一般由框架、滚筒装置、举升装置、测功装置、测速装置、控制与指示装置和辅助装置等组成。滚筒式底盘测功试验台有单滚筒和双滚筒试验台之分，如图 2-1 所示。滚筒相当于连续移动的路面，被测车辆的车轮在其上滚动。支承两边驱动车轮的滚筒各为单个试验台，称为单滚筒试验台。单滚筒试验台的滚筒直径一般较大，一般为 1 500 ~ 2 500 mm。滚筒直径越大，车轮在滚筒上就越像在平路上滚动，因而测试精度越高。支承两边驱动车轮的滚筒各为两个试验台，称为双滚筒试验台。双滚筒试验台的滚筒直径比单滚筒试验台小得多，一般为 185 ~ 400 mm，故测试精度相对较低。但双滚筒试验台具有安放定位方便、制造成本低等优点。

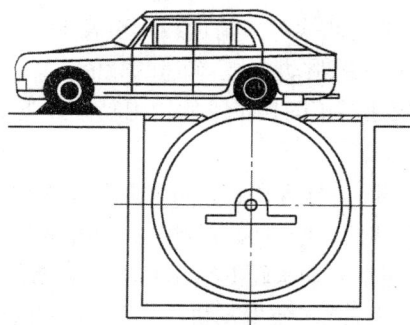

（a）单轮单滚筒试验台

（b）双轮双滚筒试验台　　　　　　　　　　（c）单轮双滚筒试验台

图 2-1　滚筒式底盘测功试验台

利用滚筒式底盘测功试验台测功时，通常可检测以下几项指标：

（1）发动机额定功率下驱动车轮的输出功率或驱动力。

（2）发动机最大转矩转速下驱动车轮的输出功率或驱动力。

（3）发动机全负荷选定车速下驱动车轮的输出功率或驱动力。

（4）发动机部分负荷选定车速下驱动车轮的输出功率或驱动力。

任务实施

一、驱动车轮输出功率的检测

1. 车辆准备

（1）在汽车开上底盘测功试验台以前，通过路试走热全车。

（2）调试发动机供油系统、点火系统等至最佳状态。

（3）检查传动系统、车轮的连接情况，必要时进行适当调整、紧固。

（4）检查轮胎气压，使压力达到规定值。

2. 进行检测

（1）车辆准备好后，开到底盘测功试验台上。试验台如是双滚筒式，则应将驱动车轮置于两滚筒之间，放下举升板，并视需要对车辆进行纵向约束。

（2）检测发动机额定功率和最大转矩下驱动车轮的输出功率或驱动力时，将变速器挂入选定挡位，松开手制动，踩下制动踏板，同时调节测功器制动力矩对滚筒加载，使发动机在节气门全开情况下以额定转速运转。

（3）待发动机转速稳定后，读取驱动车轮的输出功率（或驱动力）、车速的数值。

（4）在节气门全开的情况下，继续对滚筒加载，至发动机车速降至最大转矩转速稳定运转时，读取驱动车轮的输出功率（或驱动力）、车速的数值。

（5）如需测出驱动车轮在变速器不同挡位下的输出功率或驱动力，则要依次挂入每一挡位，按上述方法进行检测。

（6）当发动机发出额定功率时，挂直接挡，可测得驱动车轮的最大输出功率。

（7）当发动机发出最大转矩时，挂一挡，可测得驱动车轮的最大驱动力。

（8）发动机全负荷选定车速下驱动车轮的输出功率或驱动力的检测，是在踩下制动踏板，同时调节测功器制动力矩对滚筒加载，使发动机在节气门全开情况下，以选定的车速稳定运转进行的。

（9）发动机部分负荷选定车速下驱动车轮的输出功率或驱动力的检测，与发动机全负荷选定车速下驱动车轮的输出功率或驱动力的检测方法相同，只不过发动机是在选定的部分负荷下工作的。

注意：利用底盘测功试验台，除可以检测驱动车轮的输出功率或驱动力外，还可以检测汽车的滑行距离。汽车滑行距离是指汽车加速至某一预定车速后挂空挡，利用汽车具有的动能来行驶的距离。汽车滑行距离的长短可反映汽车传动系统阻力的大小，据此可判断汽车传动系统的总体技术状况。

进行汽车滑行距离检测前，应将汽车运行至正常工作温度。检测时，汽车驱动轮带动滚筒及其飞轮旋转，当驱动轮达到预定车速时，摘挡滑行，则储存在底盘测功机旋转物体的动能、驱动轮及传动系统旋转部件的动能释放出来，使汽车驱动轮及传动系统旋转部件继续旋转，直至滑行的驱动轮停转。此时，测功机滚筒滚过的圆周长即为汽车的滑行距离，它可通过底盘测功机的测距装置测出。

二、检测结果的诊断分析

汽车传动系统效率偏低，说明汽车传动系统技术状况不良，其原因可能是离合器打滑、制动器间隙偏小、传动轴弯曲变形、中间轴支架松旷、传动轴不平衡、后桥装配不良或有故障、轮胎气压不标准、轮辋变形、轮胎花纹规格不符合要求等，传动系统润滑不良（如变速器、主减速器等没有按照规定加注定量的润滑油品），也会引起传动系统的非正常磨损和损耗，导致汽车传动系统效率降低。

任务评价

一、工作成果评价

严格按照技术标准规范、对各小组汽车传动效率的检测与诊断程序、行为规范、操作水平、检测精度等进行评价。

传动效率的检测与诊断工作成果评价表

学习目标	评价指标	评价标准	小组评价	教师评价
准备检测	操作程序	正确		
	操作行为	规范		
	操作水平	熟练		
实施检测	操作程序	正确		
	操作行为	规范		
	操作水平	熟练		
	检测精度	达到要求		

二、学习成果评价

按照职业教育技术类技能型人才培养要求，主要评价学生汽车传动效率的检测与诊断知识、能力及技术人员职业特质形成的情况。

传动效率的检测与诊断学习成果评价表

学习目标		评价标准	小组评价	教师评价
知识	传动效率的检测与诊断的有关概念及意义	理解		
	滚筒式底盘测功试验台的基本组成、作用	理解并简述		
通用能力	协调能力	了解、运用协调方法		
	沟通能力	了解、运用沟通方法		
	配合能力	了解、运用配合方法		
	方法能力	具有革新意识		
专业能力	车辆准备	达到职业资格要求的能力水平		
	利用滚筒式底盘测功试验台检测驱动车轮的输出功率	达到职业资格要求的能力水平		
	检测结果的诊断分析	达到职业资格要求的能力水平		

学习目标		评价标准	小组评价	教师评价
特质	价值追求	追求标准、规范、精度的职业活动价值		
	思维特点	过程导向思维的认识、建立与习惯养成		
	职业态度	严谨认真、一丝不苟、精益求精的态度		

教师、同学建议：

评价汇总：
A 优秀
B 良好
C 基本掌握

努力方向：

思考与练习

1. 简述汽车传动效率检测的基本原理。
2. 利用滚筒式底盘测功试验台测功时，通常可检测哪些项目？
3. 如何利用滚筒式底盘测功试验台检测汽车驱动轮的功率或驱动力？

任务二　离合器的检测与诊断

离合器是汽车传动系统中直接与发动机相联系的部件，它承担着动力和传动系统的切断和结合作用，所以能够保证汽车起步时平稳起步，也能保证换挡时的平顺，也防止了传动系统过载。

任务目标

了解离合器检测与诊断的意义；
了解离合器的基本结构与原理；
了解离合器自由行程的概念；
理解离合器频闪测定仪的工作原理；
掌握离合器技术状况的常规检查方法；

掌握离合器打滑的检测方法；

能够根据检测结果对离合器的技术状况进行基本分析和判断。

任务描述

离合器可能出现的故障是离合器打滑或分离不彻底等。为保证汽车传动系统的正常工作，要定期对离合器的技术状况进行检测。检测的内容主要包括离合器及其操纵机构的直观检查，以及离合器打滑的检测。

任务分析

除离合器零件磨损、变形等情况外，离合器液压系统的状态，以及离合器踏板高度、离合器踏板的自由行程等，都会对离合器的正常工作产生影响。离合器踏板高度、离合器踏板的自由行程，以及离合器液压系统的状态，通常采用直观检查的方法进行检查。离合器打滑既可以采用人工经验法，也可以使用仪器进行检测。

相关知识

一、离合器的工作原理

目前，在汽车上广泛采用的是用弹簧压紧的摩擦离合器（简称"摩擦离合器"），离合器的基本组成如图 2-2 所示。

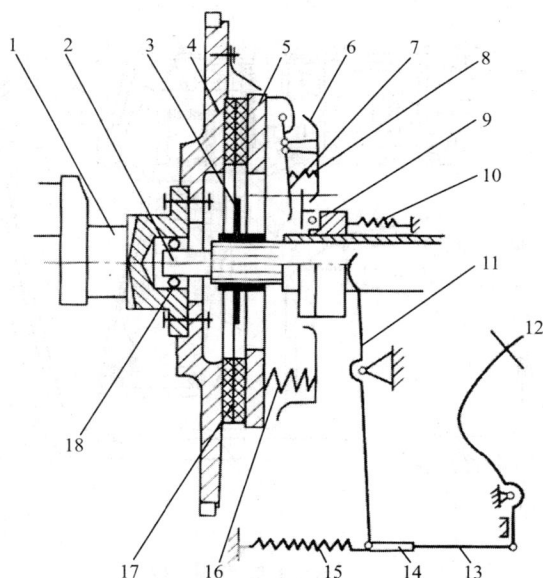

图 2-2　离合器的基本组成

1—曲轴；2—从动轴；3—从动盘；4—飞轮；5—压盘；6—离合器盖；7—分离杠杆；

8—弹簧；9—分离轴承；10、15—回位弹簧；11—分离叉；12—离合器踏板；

13—拉杆；14—拉杆调节叉；16—压紧弹簧；17—从动盘摩擦片；18—轴承

离合器接合时，压紧弹簧将压盘、飞轮及从动盘相互压紧，离合器处于接合状态。踩下离合器踏板时，解除压盘对从动盘的压力，离合器的主、从部分处于分离状态，中断动力传递。当需要重新恢复动力传递时，缓慢抬起离合器踏板，随着从动盘与飞轮接合紧密程度的逐步增加，两者转速趋于一致，直到完全接合，离合器接合过程结束。

二、离合器的自由行程

离合器踏板自由行程是指离合器踏板从踩下到分离轴承与分离杠杆或膜片弹簧接触时所经过的距离。若间隙太小甚至没有，将使分离轴承因与分离杠杆长时间接触而迅速磨损；同时，使离合器在接合期间出现"打滑"故障。如间隙太大，离合器将出现分离不彻底的故障。

离合器踏板自由行程主要由两部分间隙引起。其中分离轴承与膜片弹簧（分离杠杆）之间的间隙称为分离间隙；离合器液压主缸与推杆之间的间隙称为推杆间隙（某些轿车上是钢索接头与套管端头之间的间隙）。由于摩擦衬片磨损，离合器踏板自由行程将会发生改变，因此应定期检查离合器踏板的自由行程。

三、离合器频闪测定仪

离合器频闪测定仪由透镜、闪光灯、高压电极等组成，如图 2-3 所示。诊断时发动机火花塞高压线给仪器内高压电极输入电脉冲信号。火花塞跳火一次，闪光灯就亮一次，且闪光频率与发动机转速成正比。

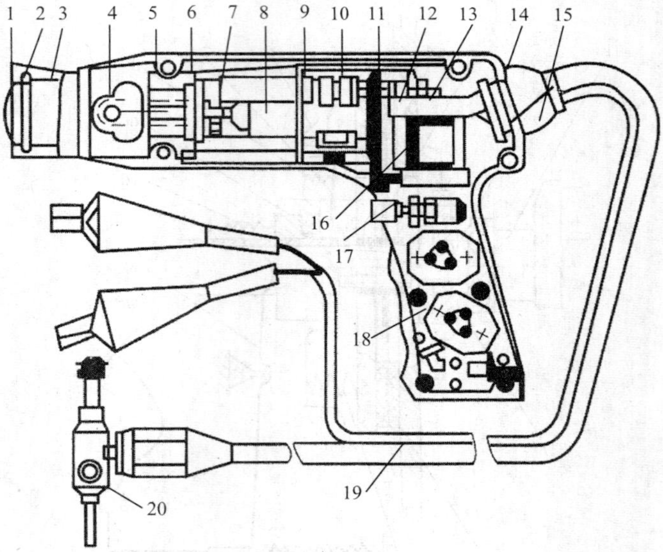

图 2-3　离合器频闪测定仪

1—环；2—透镜；3—框架；4—闪光灯；5—护板；6、9、11、12、18—隔板；

7—电阻器；8、10—电容器；13—二极管；14—支持器；15—座套；16—变压器；

17—开关；19—导线；20—传感接头

离合器不打滑时，传动轴上设定点会与闪光点同步动作，传动轴似乎处于不转动状态；否则，传动轴上设定点转速会滞后于闪光点动作，说明离合器存在打滑现象。

任务实施

一、直观检查

1. 离合器踏板自由行程

如图 2-4 所示，将卷尺或直尺放在离合器踏板的旁边，使一端顶在汽车的底板上，读取尺寸值。然后，将离合器踏板踩到刚好将自由行程消除，再次读取尺寸值。两次读取尺寸值的差值，就是离合器踏板的自由行程。

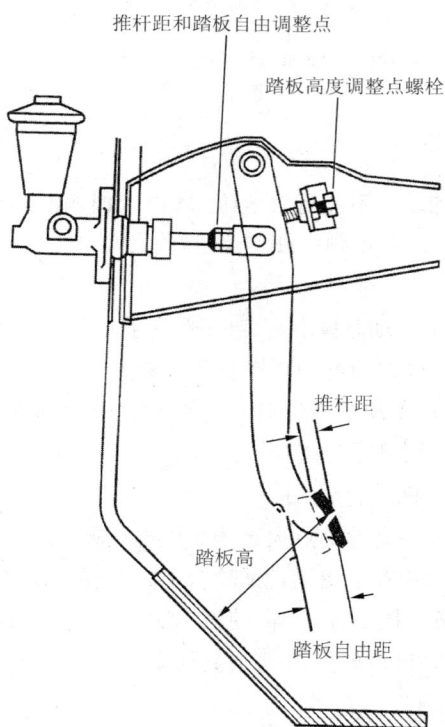

图 2-4 离合器踏板高度的检查

2. 液压操纵机构的泄漏检查

检查离合器液压操纵机构是否存在泄漏现象。检查离合器主缸储液罐内离合器液（制动液）面的高度。如果液面高度低于 MIN 标记，则应补加，并要进一步检查离合器液压操纵机构是否有泄漏部位。如图 2-5 所示，检查主缸与油管、工作缸与油管及油封等部位是否有离合器液的痕迹。若存在泄漏现象，应及时予以修理。

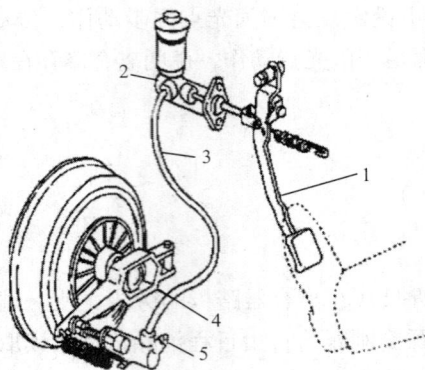

图 2-5　离合器液压操纵机构

1—离合器踏板；2—主缸；3—油管；4—分离叉；5—工作缸

二、离合器打滑的检测

离合器打滑会使发动机的动力不能有效地传递到驱动车轮上，并使离合器过热、磨损加剧。可通过人工经验检查法或利用离合器频闪测定仪进行检测。

1. 人工经验检查法

（1）起动发动机，拉紧驻车制动器操纵杆，挂上低速挡，缓慢放松离合器踏板使之逐渐接合，若发动机能够继续运转而不熄火，即可判断离合器打滑。

（2）汽车加速行驶时，若发动机转速升高，而车速不能随之相应升高，感到行驶无力，严重时有焦臭味甚至冒烟，则很可能是离合器打滑。

2. 利用离合器频闪测定仪进行检测

（1）将离合器频闪测定仪与发动机点火系统高压电极相连。

（2）支起驱动桥或将驱动轮置于滚筒式试验台上，必要时拉紧驻车制动器操纵杆。

（3）汽车低挡起步，逐渐加挡至直接挡，使汽车驱动轮运转，并使发动机稳定在某一转速。

（4）将闪光灯发出的光亮点投射到传动轴上预先设置的标记点上。若传动轴上的标记点与光亮同步，则离合器不打滑。

注意：如无上述离合器频闪测定仪，也可以用发动机点火频闪正时灯代替。

三、检测结果的诊断分析

离合器打滑的实质是摩擦时离合器所产生的摩擦力矩不足，发动机的转矩不能全部输出。表现为发动机转速过高而动力不能传给变速器等传动系总成；起步时，虽然抬起了离合器踏板，但汽车不能起步或起步迟缓，加油不加速；行驶中，踩下加速踏板加速车辆，但行驶速度不能随着发动机转速的增加而同步提高；汽车上坡时，明显感到动力不足，使用常规挡位爬不上相应坡道。离合器打滑严重时，车辆根本无法行驶。

离合器打滑的原因可能是离合器操纵传动系统调整不当，离合器踏板没有自由行程，即分离轴承与分离杠杆之间没有必要的间隙，使压盘不能全力压紧从动盘；离合器从动盘摩擦片磨损、烧蚀严重，铆钉外露或摩擦片沾有油污；发动机飞轮、离合器压盘或从动盘严重变形，严重影响转矩的正常传递；离合器踏板不能可靠回位；从动盘毂花键与变速器输入轴卡滞；离合器螺旋或蝶形弹簧损坏、变形或弹力不足；离合器盖与飞轮之间的固定螺栓松动、从动盘压力不足等。

任务评价

一、工作成果评价

严格按照技术标准规范、对各小组离合器的检测与诊断程序、行为规范、操作水平、检测精度等进行评价。

离合器的检测与诊断工作成果评价表

学习目标	评价指标	评价标准	小组评价	教师评价
准备检测	操作程序	正确		
	操作行为	规范		
	操作水平	熟练		
实施检测	操作程序	正确		
	操作行为	规范		
	操作水平	熟练		
	检测精度	达到要求		

二、学习成果评价

按照职业教育技术类技能型人才培养要求，主要评价学生离合器的检测与诊断知识、能力及技术人员职业特质形成的情况。

离合器的检测与诊断学习成果评价表

学习目标		评价标准	小组评价	教师评价
知识	离合器的检测与诊断的意义	理解		
	离合器的基本结构及工作原理	理解		
	离合器的自由行程	理解并简述		
	离合器频闪测定仪的基本组成及工作原理	理解并简述		
通用能力	协调能力	了解、运用协调方法		
	沟通能力	了解、运用沟通方法		
	配合能力	了解、运用配合方法		
	方法能力	具有革新意识		
专业能力	离合器技术状况的直观检查方法	达到职业资格要求的能力水平		
	离合器打滑的人工经验判断方法	达到职业资格要求的能力水平		
	利用离合器频闪测定仪检测离合器	达到职业资格要求的能力水平		
	检测结果的诊断分析	达到职业资格要求的能力水平		

学习目标		评价标准	小组评价	教师评价
特质	价值追求	追求标准、规范、精度的职业活动价值		
	思维特点	过程导向思维的认识、建立与习惯养成		
	职业态度	严谨认真、一丝不苟、精益求精的态度		
教师、同学建议：				评价汇总： A 优秀 B 良好 C 基本掌握
努力方向：				

思考与练习

1. 什么是离合器自由行程？如何进行检测？
2. 如何利用人工经验法检测离合器是否打滑？
3. 离合器打滑的主要原因有哪些？

任务三　自动变速器的检测与诊断

　　电控自动变速器能够在一定范围内实现自动换挡，并且具有操作轻便、换挡平稳、换挡精度高、过载保护等优点，因此在车辆上获得了广泛使用。及时检测自动变速器的技术状况，对于保证车辆安全行驶，延长自动变速器的使用寿命，具有十分重要的意义。

任务目标

　　了解自动变速器检测与诊断的意义；
　　了解自动变速器的基本结构与原理；
　　掌握自动变速器的基本检查项目和方法；
　　掌握自动变速器失速试验、时滞试验、油压试验和道路试验的检测目的、方法；
　　能够对检测结果进行基本分析和判断。

任务描述

　　自动变速器的检测主要包括基本检查项目，如油面高度、油质、挡位开关等，以及自动变速器的失速试验、时滞试验、油压试验和道路试验，通过上述检测，诊断自动变速器的技术状况。

任务分析

　　自动变速器的结构复杂，不易拆装，当其工作情况出现异常时，应按照由简到繁、由外到内，有针对性地进行检测。通常利用直观检查法对自动变速器的基本检查项目进行检查。

　　利用失速试验检查发动机、液力自动变速器及自动变速器中有关的换挡执行元器件工作是否正常。

　　利用时滞试验测出自动变速器换挡的迟滞时间，并根据迟滞时间的长短判断主油路油压及换挡执行元件的工作是否正常。

　　利用自动变速器油压试验，在自动变速器工作时，测量其控制系统各个油路中的油压，为分析自动变速器的故障提供依据，以便有针对性地进行检修。在分解修理自动变速器之前，以及自动变速器修复之后，都要对自动变速器做油压试验，以保证自动变速器的修复质量。

　　道路试验是分析、诊断自动变速器故障的最有效的手段之一，此外，自动变速器在修复之后，也应进行道路试验，以检查其工作性能和修理质量。

相关知识

一、电控自动变速器的基本组成与工作原理

　　电控自动变速器主要由液力变矩器、齿轮变速机构、液压控制系统和电子控制系统组成，如图 2-6 所示。

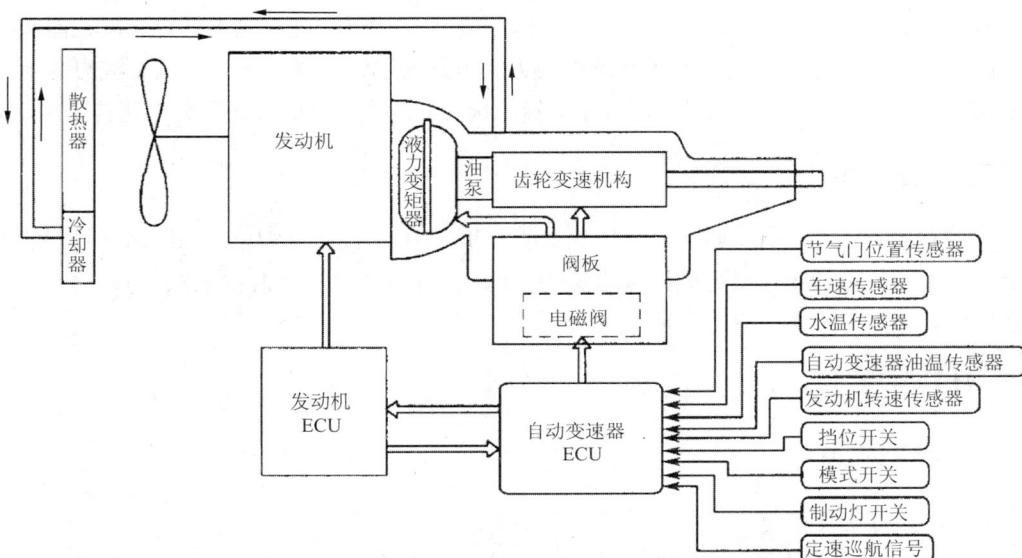

图 2-6　电控自动变速器的组成

自动变速器电控系统由信号输入装置（传感器、信号开关）、执行器和电子控制器（ECT ECU）组成，如图 2-7 所示。

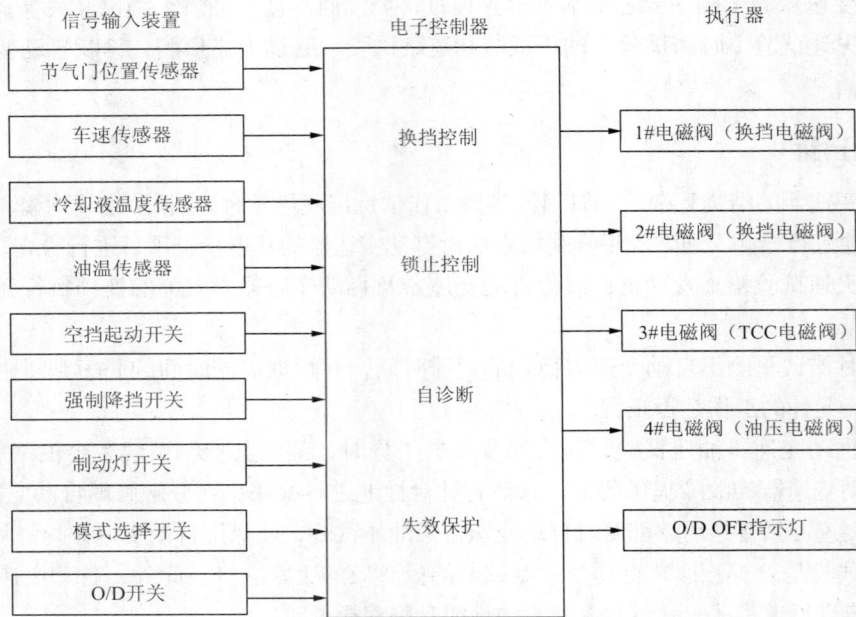

信号输入装置　　　　　　　　电子控制器　　　　　　　　执行器

信号输入装置	电子控制器	执行器
节气门位置传感器	换挡控制	1#电磁阀（换挡电磁阀）
车速传感器		2#电磁阀（换挡电磁阀）
冷却液温度传感器	锁止控制	3#电磁阀（TCC电磁阀）
油温传感器		4#电磁阀（油压电磁阀）
空挡起动开关	自诊断	O/D OFF指示灯
强制降挡开关		
制动灯开关	失效保护	
模式选择开关		
O/D开关		

图 2-7　自动变速器电控系统的组成

自动变速器电控系统的传感器和信号开关将车速、发动机负荷、油温、挡位等与挡位控制相关的工况信息转换为电信号，输入自动变速器 ECU。自动变速器 ECU 根据存储器中的换挡程序，决定换挡和锁止时机。

二、失速转速

自动变速器在 D 位或 R 位，同时踩住制动踏板时，发动机处于最大转矩工况，而此时自动变速器的输入轴和输出轴均静止不动，液力变矩器的涡轮也静止不动，只有液力变矩器壳及泵轮随发动机一起转动，这种工况属于失速工况，此时发动机的转速称为失速转速。

三、迟滞时间

在发动机怠速运转时，将变速杆从 N 位拨至 D 位或 R 位后，需要有一段短暂时间的迟滞或延迟，才能使自动变速器完成挡位的变换（此时汽车会产生一个轻微的振动），这一短暂的时间称为自动变速器换挡的迟滞时间。

任务实施

一、直观检查

1. 油面高度的检查

各种型号自动变速器油面高度都有明确规定。原则上油面高度的标准为：在液力变矩器及各挡执行元件的活塞都充满油之后，油面高度应在行星排等旋转零件的最低位置之下，以免在运行中自动变速器油被剧烈地搅动而产生泡沫；但油面的高度必须高于阀体总成与自动变速器壳体的安装结合面，以免在工作中渗入空气，影响各个控制阀的正常工作。

自动变速器的油面过高，可能使油从加油管或通风管喷出，严重时使机罩内起火，控制阀体上的排油孔若被堵塞，则排油不畅，影响离合器、制动器平顺分离，导致自动变速器换挡不稳；自动变速器的油面过低，可能使离合器、制动器打滑，加速性能变坏，行星齿轮系统润滑不良。

自动变速器油面高度的检查方法如下：

（1）将汽车停放在水平地面上，并拉紧驻车制动。

（2）让发动机怠速运转，使自动变速器的油温达到 70 ~ 80 ℃。

（3）踩住制动踏板，将变速杆分别拨至"R""N""D""S""L"（或"2""1"）等位置，并在每个挡位上停留几秒，使液力变矩器和所有换挡执行元件中都充满油液。最后将变速杆拨至 P 位。

（4）拔出自动变速器油尺，将油尺擦干净后再全部插入原处后拔出，检查油尺上的油面高度。如图 2-8 所示，油尺有几种不同的类型，如双刻度线式、三刻度线式、四刻度线式。

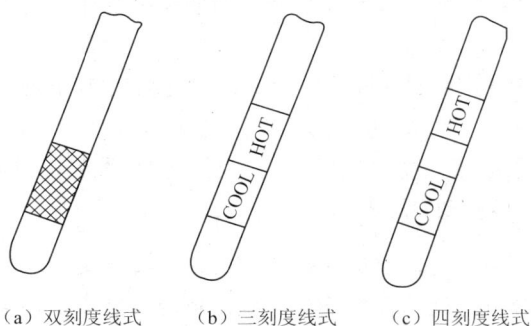

（a）双刻度线式　　（b）三刻度线式　　（c）四刻度线式

图 2-8　油尺类型

（5）对于双刻度线式的油尺，如果自动变速器处于冷态（即冷车刚刚起动，液压油的温度较低，为室温或低于 25 ℃时），液压油油面高度应在油尺刻线的下限附近；如果自动变速器处于热态（如低速行驶 5 min 以上，液压油的温度已达 70 ~ 80 ℃时），液压油油面高度应在油尺刻线的上限附近。

（6）对于三刻度线式或四刻度线式的油尺，也应根据自动变速器的油温进行检查，冷车时油面应在冷态的刻线范围内，热车时油面应在热态的刻线范围内。

（7）油面高度检查完后，还应检查自动变速器油底壳、油管接头等处有无泄漏痕迹，如漏油应立即修复。

2. 油质的检查

自动变速器在正常工作温度下，在一定的行驶里程后（一般 10 ~ 20 万 km，不同车型有不同规定），必须换油。即使不行驶，若放置一年以上，也必须将自动变速器油全部更换。此外，当自动变速器油的油质变差时，也应予以更换。

检查自动变速器油的质量时，通常以其颜色、成分或气味进行分析。纯净的自动变速器油略带桃红色或红色（德国大众公司部分车型的自动变速器油为浅黄色），自动变速器油变脏、变色或液体中含有固体粉末，都表明自动变速器可能过热或内部有机件损坏。

为检查自动变速器油的颜色，应当起动发动机，把油尺拉出，用清洁、不起毛的布擦净，以便提取观察油样。检查时将油尺上的油液滴在干净的白纸上，检查油样的颜色和气味，要仔细查看油样，并把结果按下列标准进行比较：

（1）油样清晰且颜色正常，表明自动变速器机械状况良好。

（2）油样呈棕褐色，但闻不出烧焦的糊味，也不含颗粒，表明自动变速器油已过期。应更换自动变速器油和滤清器滤芯。

（3）油样呈暗棕褐色，而且较脏，含有固体颗粒，并带有烧焦的糊味，表明自动变速器一直过热，而且内部有机件损坏。对所含颗粒进行检查，黑色颗粒可能是离合器或制动带的材料，银白色带闪亮的颗粒可能是隔套或止推垫圈的材料。不管是哪种情况，均须拆下油底壳进行进一步的检查，并进行相应的处理。

（4）油样呈暗黑色，而且较脏，但没有烧焦的糊味，而油尺上出现固体颗粒和晶莹的亮点，表明自动变速器油已经混有防冻液，应更换自动变速器油。

（5）油样呈黑色，有强烈烧焦的灯糊味，也有固体颗粒，油尺上还有黑色发亮的迹点，通常表明自动变速器过热时间较长，或离合器、制动带已烧坏，应拆开自动变速器，进行分解检查。

（6）油样呈乳状粉红色，说明油液受水污染，即有水从自动变速器加油管或通气管进入，应更换自动变速器油。

（7）油样中好像加了油漆，亮且呈黑褐色，而且较脏发黏，说明由于加油过多或过热，油已被氧化、变质，应更换自动变速器油。

注意：影响油液和自动变速器使用寿命的重要因素之一是油液的温度。而影响油液温度的主要因素是液力变矩器出现故障，或是离合器、制动器分离不彻底，单向离合器滑转和油冷却器堵塞等。所以油液温度过高或急剧上升是十分重要的危险信号，说明自动变速器内部可能存在故障，应立即进行检查。

二、自动变速器的失速试验

1. 试验准备
（1）起动车辆，使发动机和自动变速器均达到正常工作温度（70～80 ℃）。
（2）检查汽车的行车制动和驻车制动，确认其性能良好。
（3）检查自动变速器的油面高度，确认其高度正常。

2. 试验步骤
自动变速器失速试验的过程如图 2-9 所示。
（1）将汽车停放在宽阔的水平路面上，前后用三角木塞住。
（2）对于无发动机转速表的车辆，应安装发动机转速表。
（3）拉紧驻车制动，左脚用力踩住制动踏板。
（4）起动发动机，将变速杆置于 D 位。

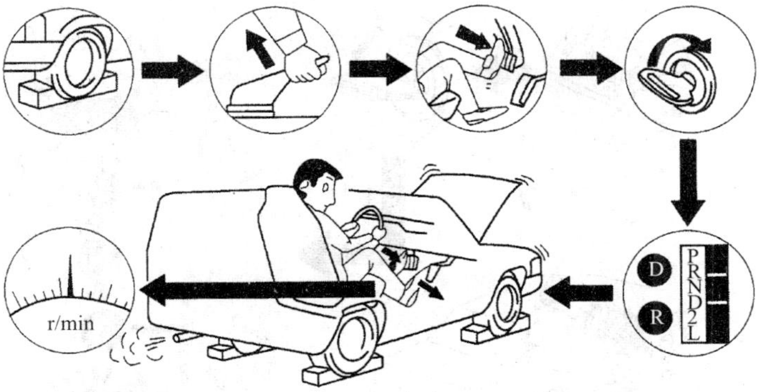

图 2-9　自动变速器的失速试验

（5）在左脚踩紧制动踏板的同时，用右脚将加速踏板踩到底。读取此时发动机的最高转速，然后立即松开加速踏板。

（6）将变速杆置于 P 位或 N 位，使发动机怠速运转 1 min 以上，防止自动变速器因油温过高而变质。

（7）将变速杆置于 R 位，重复上述步骤。

注意：由于在失速工况下，自动变速器的油温急剧上升，因此在失速试验中，加速踏板从踩下到松开整个过程的时间不得超过 5 s，否则会使自动变速器因油温过高而变质，甚至损坏密封圈等零件。在一个挡位试验结束后，不要立即熄火，应将变速杆置于 P 位或 N 位，让发动机怠速运转几分钟，以使自动变速器油温正常。如果在试验中发现驱动轮因制动力不足而转动，应立即松开制动踏板，停止试验。

3. 试验结果分析

通过失速试验查找故障部位。即将自动变速器的变速杆分别置于 D 位、R 位，测试其失速转速，并与规定值进行比较。

（1）若在 D 位与 R 位失速转速相同，且均低于规定值，说明发动机功率不足。

（2）若在 D 位与 R 位失速转速相同，且比规定值低 600 r/min 以上，说明变矩器内导轮的单向离合器打滑，使泵轮油液冲击涡轮后，又直接反向冲击泵轮，加大了泵轮的负荷，致使失速转速过低。

（3）若在 D 位与 R 位失速转速均高于规定值，则为油泵泵油压力过低、油液不足、油液变质、主油路油压过低，造成本应接合工作的离合器、制动器打滑。

（4）若仅在 D 位失速转速高于规定值，则为 D 位油路泄漏、D 离合器或制动器打滑。

（5）若仅在 R 位失速转速高于规定值，则为 R 位油路泄漏、R 离合器或制动器打滑。

三、自动变速器的时滞试验

1. 试验步骤

自动变速器的时滞试验过程如图 2-10 所示。

（1）起动车辆，使发动机和自动变速器均达到正常工作温度（70 ~ 80 ℃）。

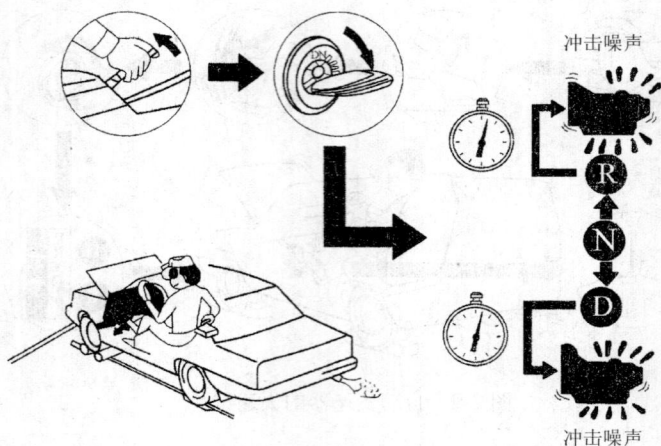

图 2-10　自动变速器的时滞试验过程

（2）将汽车停放在水平路面上，拉紧驻车制动。

（3）将自动变速器变速杆分别置于 N 位和 D 位，检查其怠速。D 位怠速应略低于 N 位怠速（约低 50 r/min）。如不正常，应按规定予以调整。

（4）将自动变速器变速杆从 N 位拨至 D 位，用秒表测量从拨动变速杆开始，到汽车振动为止所需的时间，该时间称为 N-D 迟滞时间。

（5）将自动变速器变速杆拨至 N 位，使发动机怠速运转 1 min 后，重复做上述试验。共做三次试验，取平均值为 N-D 迟滞时间。

（6）按上述方法，将自动变速器变速杆从 N 位拨至 R 位，测量 N-R 迟滞时间。

2. 试验结果分析

自动变速器在升挡或降挡时，油液的补充与排放是要有一段时间的。此外，若汽车行驶在阻力变化的道路上时，若迟滞时间正常，可防止频繁换挡。因此，合适的迟滞时间是非常必要的。大部分自动变速器 N-D 迟滞时间为 1.0 ～ 1.5 s；N-R 迟滞时间为 1.2 ～ 1.5 s。当出现以下情况时，说明自动变速器存在故障。

（1）若 N-D 迟滞时间过长，说明主油路油压过低，前进挡离合器磨损严重或超速排单向离合器工作不良。

（2）若 N-R 迟滞时间过长，说明 R 位油路油压过低，R 位离合器或制动器磨损严重，超速排单向离合器工作不良。

（3）若迟滞时间过短，则可能是摩擦片间隙过小、制动带调整不当，以及油路油压过高、产生粗暴冲击。

四、自动变速器的油压试验

1. 试验步骤

（1）起动车辆，使自动变速器油温达到正常工作温度（70 ～ 80 ℃）。

（2）将发动机熄火，拉紧驻车制动并用垫木将四个车轮挡住。

（3）拆下自动变速器壳体上的测试塞，将量程为 2 MPa 的油压表连接好。

（4）起动发动机并检查怠速转速是否正常。

（5）将制动踏板踩到底，并将自动变速器变速杆拨至 D 位。

（6）在发动机怠速运转的情况下，检查并记录油压；将加速踏板踩到底，使转速达到失速转速时，迅速记录最高油压。

（7）使用同样的方法，将自动变速器变速杆拨至 R 位，进行油压测试。

2．油压试验的结果分析

（1）若在 D 位与 R 位油压均高于规定值，则为主油路调压阀有故障，可调整其弹簧或增减垫片。

（2）若在 D 位与 R 位油压均过低，则可能是油液不足、油泵泵油不足、主油路泄漏以及主油路调压阀有故障。

（3）若只是在 D 位油压过低，则可能是 D 位油路泄漏、D 位离合器以及制动器的活塞密封圈漏油。

（4）若只是在 R 位油压过低，则可能是 R 位油路泄漏、R 位离合器以及制动器的活塞密封圈漏油。

3．漏油部位的检查

检查自动变速器漏油部位的方法是，将自动变速器解体后，用压缩空气通入液压阀体的油道（正吹），或通入离合器、制动器的油道（反吹），根据漏气声音，查出漏气的部位和元件。若为元件磨损过甚，应更换新件。

五、自动变速器的道路试验

自动变速器的道路试验内容主要有：检查换挡车速、换挡质量及换挡执行元件有无打滑等。

注意：在道路试验之前，应先让汽车以中速行驶 5 ~ 10 min，让发动机和自动变速器都达到正常工作温度。在试验中，如无特殊需要，通常应先将超速挡开关置于 ON 位置（即超速指示灯熄灭），并将模式开关置于普通模式或经济模式的位置。

1．升挡检查

（1）将变速杆拨至"D"位，踩下加速踏板，并使节气门开度保持在 1/2 开度左右，让汽车起步加速、检查自动变速器的升挡情况。自动变速器在升挡时，发动机会有瞬时的转速下降，同时车身有轻微的闯动感。

（2）在正常情况下，汽车起步后，随着车速的升高，试车者应能感觉到自动变速器顺利地由 1 挡升入 2 挡，随后再由 2 挡升入 3 挡，最后升入超速挡。

（3）若自动变速器不能升入高挡（3 挡或超速挡），说明控制系统或执行元件有故障。

2．升挡车速的检查

（1）将变速杆拨至 D 位，踩下加速踏板，并使节气门开度保持在某一固定开度，让汽车起步加速，当感觉到自动变速器升挡时，记下升挡车速。

（2）一般 4 挡自动变速器在节气门开度保持在 1/2 开度时，由 1 挡升入 2 挡的升挡车速为 25 ~ 35 km/h；由 2 挡升入 3 挡的升挡车速为 55 ~ 70 km/h；由 3 挡升入 4 挡（超速挡）

的升挡车速为 90 ～ 120 km/h。

（3）由于升挡车速与节气门开度有很大关系，即节气门开度不同时，其升挡车速也不同，而且不同车型的自动变速器各挡位的传动比的大小也不相同，其升挡车速也不完全一样，因此只要升挡车速基本保持在上述范围内，而且汽车行驶中加速良好，无明显的换挡冲击，即说明其升挡车速基本正常。

（4）若汽车在行驶中加速无力，升挡车速明显低于上述范围，说明自动变速器升挡车速过低（即过早升挡）；若汽车在行驶中有明显的换挡冲击，升挡车速明显高于上述范围，说明自动变速器升挡车速过高（即过迟升挡）。

（5）升挡车速过低一般是控制系统的故障所致；升挡车速过高既可能是控制系统的故障所致，也可能是换挡执行元件的故障所致。

（6）如有必要，还可以检查在其他模式下，或变速杆位于前进低挡位置时的换挡车速，并与标准值进行比较，以作为判断故障的参考依据。

（7）由于降挡时刻在行驶中不易察觉，因此在道路试验中一般无法检查自动变速器降挡车速，只能通过升挡车速判断自动变速器有无故障。

3. 升挡时发动机转速的检查

有发动机转速表的汽车在做自动变速器道路试验时，应注意观察汽车行驶中发动机转速的变化情况。它是判断自动变速器工作是否正常的重要依据之一。

（1）正常情况下，若自动变速器处于经济模式或普通模式，节气门开度保持在低于 1/2 开度范围内，则汽车由起步加速直到升入高速挡的整个行驶过程中，发动机的转速都将低于 3 000 r/min。

（2）通常发动机加速至即将要升挡时的转速，可达到 2 500 ～ 3 000 r/min；在刚刚升挡后的短时间内，发动机转速将下降至 2 000 r/min 左右。

（3）如果在整个行驶过程中发动机转速始终过低，加速升挡时仍低于 2 000 r/min，说明升挡时间过早，或发动机动力不足。

（4）如果在整个行驶过程中发动机转速始终偏高，升挡前后的转速达到 2 500 ～ 3 500 r/min，而且换挡冲击明显，说明升挡时间过迟。

（5）如果在行驶过程中发动机转速始终过高，经常高于 3 000 r/min，在加速时达到 4 000 ～ 5 000 r/min，甚至更高，说明自动变速器的换挡执行元件（离合器或制动器）打滑，应拆修自动变速器。

4. 换挡质量的检查

换挡质量检查的主要内容是检查有无换挡冲击。正常的自动变速器只能有不太明显的换挡冲击，特别是电控自动变速器的换挡冲击应十分微弱。若换挡冲击太大，说明自动变速器的控制系统或换挡执行元件（离合器或制动器）打滑，应拆修自动变速器。

5. 锁止离合器工作状况的检查

（1）让汽车加速至超速挡，以高于 80 km/h 的车速行驶，并让节气门开度保持在低于 1/2 的位置，使变矩器进入锁止状态。此时，快速将加速踏板踩下至 2/3 开度，同时检查发动机转速的变化情况。

（2）若发动机转速没有太大的变化，说明锁止离合器处于接合状态；反之，若发动机转速升高很多，则表明锁止离合器没有接合。锁止离合器没有接合的原因，通常是锁止控制系统存在故障，应进一步进行检查。

任务评价

一、工作成果评价

严格按照技术标准规范、对各小组自动变速器检测与诊断程序、行为规范、操作水平、检测精度等进行评价。

自动变速器检测与诊断工作成果评价表

学习目标	评价指标	评价标准	小组评价	教师评价
准备检测	操作程序	正确		
	操作行为	规范		
	操作水平	熟练		
实施检测	操作程序	正确		
	操作行为	规范		
	操作水平	熟练		
	检测精度	达到要求		

二、学习成果评价

按照职业教育技术类技能型人才培养要求，主要评价学生自动变速器检测与诊断知识、能力及技术人员职业特质形成的情况。

自动变速器检测与诊断学习成果评价表

学习目标		评价标准	小组评价	教师评价
知识	自动变速器检测与诊断的意义	理解		
	自动变速器的基本组成及工作原理	理解		
	自动变速器的失速转速	理解并简述		
	自动变速器的换挡迟滞时间	理解并简述		
通用能力	协调能力	了解、运用协调方法		
	沟通能力	了解、运用沟通方法		
	配合能力	了解、运用配合方法		
	方法能力	具有革新意识		
专业能力	自动变速器技术状况的直观检查方法	达到职业资格要求的能力水平		
	自动变速器的失速试验与诊断分析	达到职业资格要求的能力水平		
	自动变速器的时滞试验与诊断分析	达到职业资格要求的能力水平		
	自动变速器的油压试验与诊断分析	达到职业资格要求的能力水平		
	自动变速器的道路试验与诊断分析	达到职业资格要求的能力水平		

续表

学习目标		评价标准	小组评价	教师评价
特质	价值追求	追求标准、规范、精度的职业活动价值		
	思维特点	过程导向思维的认识、建立与习惯养成		
	职业态度	严谨认真、一丝不苟、精益求精的态度		

教师、同学建议：

评价汇总：
A 优秀
B 良好
C 基本掌握

努力方向：

思考与练习

1. 什么是失速转速？进行自动变速器失速试验的目的有哪些？
2. 如何根据迟滞时间的长短，判断自动变速器油压及换挡执行元件的工作是否正常？
3. 在哪些情况下，要进行自动变速器油压试验？
4. 自动变速器的道路试验内容主要有哪些？

任务四　转向系统的检测与诊断

转向系统的作用是按照驾驶人的意愿，改变汽车的行驶方向并保持汽车稳定的直线行驶。转向系统在使用过程中，不可避免地会发生磨损、变形，导致汽车出现转向沉重、行驶跑偏、摆振等故障，影响汽车的正常运行。

任务目标

了解转向系统检测与诊断的意义；

了解转向系统的基本组成与原理；

了解转向系统常用检测仪器的基本结构与使用方法；

掌握转向盘自由行程、转向力、最大转向角及转向盘锁止性能的检测方法；

能够对检测结果进行基本分析和判断。

任务描述

转向系统的性能直接影响汽车的操纵稳定性和行车的安全性，应及时检测汽车转向系统的技术状况，使之保持良好的技术状态。转向系统检测的内容主要包括转向角、转向力、前轮最大转向角和转向盘的锁止功能等。

任务分析

在汽车静止状态下，转向轮位于直线行驶位置时，转向盘可左右自由转动的角度称为转向盘的自由行程，又称转向盘的游动角度；转向力是指在一定行驶条件下作用在转向盘外缘的圆周力。通过以上两个参数，可以判断从转向盘到转向轮传递机构中零部件的磨损及配合状况。前轮最大转向角的大小则直接影响汽车转弯半径的大小。

相关知识

一、转向系统基本组成与工作原理

汽车转向系统是用来改变或保持汽车行驶或倒退方向的机构，按动力源的不同，可分为机械转向系统和动力转向系统两大类。

汽车机械转向系统如图 2-11 所示，主要由转向操纵机构、机构转向器和转向传动机构组成。汽车转向时，驾驶人转动转向盘，通过转向轴将力矩输入转向器，再通过转向横拉杆、转向节臂，使转向节及装于其上的转向轮偏转一定的角度。

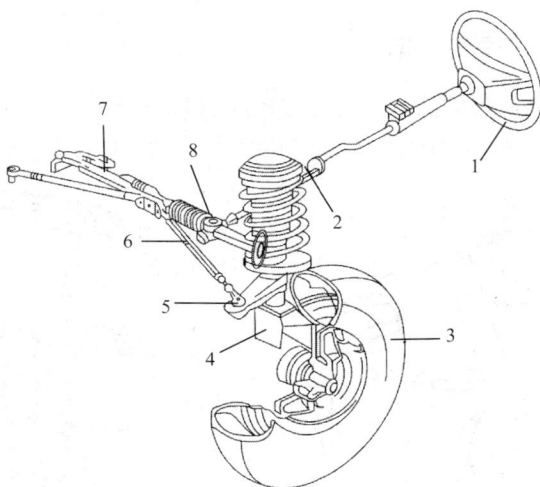

图 2-11 汽车机械转向系统

1—转向盘；2—安全转向轴；3—转向轮；4—转向节；5—转向节臂；

6—转向横拉杆；7—转向减振器；8—转向器

电动式电控动力转向系统通常由扭矩传感器、车速传感器、电子控制单元（ECU）、电动机和电磁离合器等组成，如图 2-12 所示。

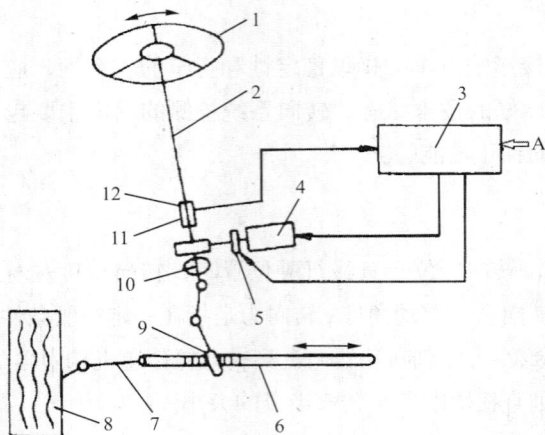

图 2-12　电动式电控动力转向系统的组成

1—转向盘；2—转向柱；3—电子控制单元；4—电动机；5—电磁离合器；6—转向齿条；

7—横拉杆；8—转向轮；9—输出轴；10—扭力杆；11—扭矩传感器；12—转向齿轮；A—车速传感器

电动式电控动力转向系统是利用电动机作为助力源，根据车速和转向参数等，由 ECU 完成助力控制。当操纵转向盘时，装在转向盘轴上的转矩传感器不断地测出转向轴上的转矩信号，该信号与车速信号同时输入到电控单元。电控单元根据输入信号，确定助力转矩的大小和方向，即选定电动机的电流和转向，调整转向辅助动力的大小。电动机的转矩由电磁离合器通过减速机构减速增扭后，加在汽车的转向机构上，得到一个与汽车工况相适应的转向作用力。

二、转向盘自由行程检测仪

转向盘自由行程检测仪的结构及安装方式如图 2-13 所示，主要由刻度盘和指针组成。刻度盘和指针分别固定在转向盘轴管和转向盘边缘上。固定方式有机械式和磁力式。

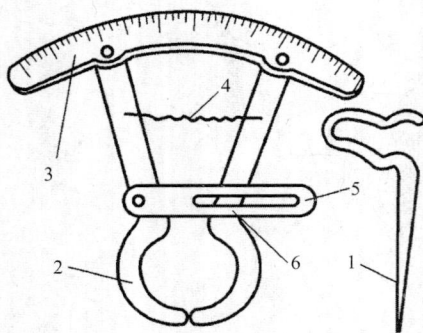

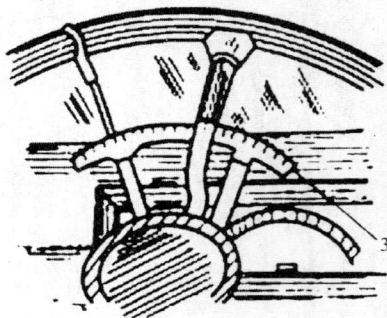

（a）检测仪　　　　　　　　　　　　　　　（b）检测仪的安装

图 2-13　转向盘自由行程检测仪的结构及安装方式

1—指针；2—夹盘；3—刻度盘；4—弹簧；5—连接板；6—固定螺钉

三、转向参数测量仪

图 2-14 所示为国产 ZC-2 转向参数测量仪的示意图。该测量仪是以计算机为核心的智能测量仪器，可测量转向盘自由行程和转向力。它主要由操纵盘、主机箱、连接叉和定位杆等部分组成。操纵盘由固定螺钉固定在三爪底盘上。底盘经力矩传感器与三个连接叉相连，每个连接叉上都有一只可伸缩长度的活动卡爪，以便与被测转向盘连接。

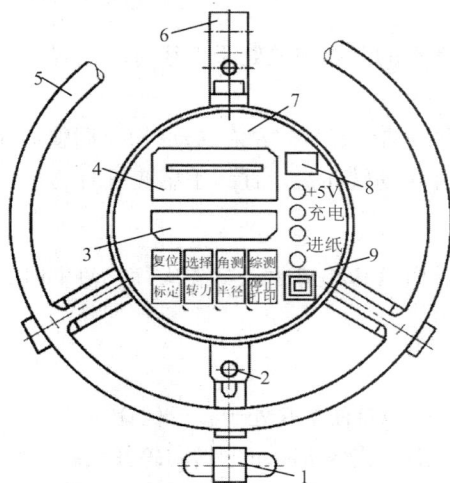

图 2-14　国产 ZC-2 转向参数测量仪的示意图

1—定位杆；2—固定螺钉；3—显示器；4—打印机；5—操纵盘；

6—连接叉；7—主机箱；8—电压表；9—电源开关

四、转角仪

转角仪由机械台架和控制系统组成，全自动检测线配用的转角仪还配备前轮定位装置。如图 2-15 所示，台架由两个基本测试单元组成，每个测试单元都能在台架轨道上借助电动机的正反转，通过减速机、丝杠的运动而独立地左右移动，以适应不同的汽车轮距和不同的行驶路线。每个测试单元都有一个可以转动的圆盘，该圆盘可以进行局部的前后左右移动。圆盘下方装有角度传感器，用来记录车轮转动的角度。

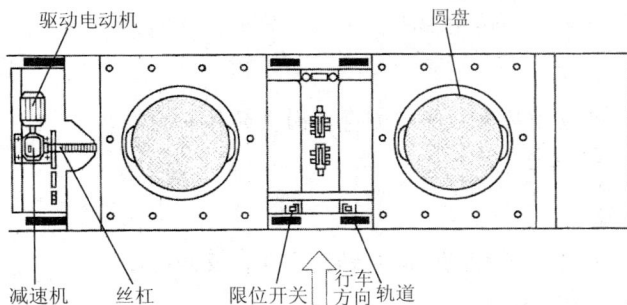

图 2-15　转角仪

任务实施

一、转向自由行程的检测

1. 利用转向盘自由行程检测仪检测

(1) 检测前，将转向盘自由行程检测仪的刻度和指针分别固定在转向盘轴管和转向盘边缘上 [见图 2-13 (b)]。

(2) 起动发动机，使汽车的两转向轮处于直线行驶位置不动，用指尖向左或右侧轻轻转动转向盘。

(3) 当手感变重时（即转向轮开始向左右转动时），调整指针，使其指向刻度盘零度。

(4) 然后向另一侧轻轻转动转向盘，直到手感变重时为止，指针所指示的刻度即为转向盘的自由行程。

注意：一般情况下，转向盘从相应于汽车直线行驶的中间位置向任何一侧的自由行程不超过 10° ~ 15°。

2. 利用直尺检测

(1) 起动发动机，转动转向盘使车轮处于直行位置不动。

(2) 轻轻移动转向盘，当手感变重时（即转向轮开始向左右转动时），使用直尺测量转向盘外缘的移动量，一般为 15 ~ 20 mm。

注意：若转向盘自由行程过大，应认真对转向系统各松动部位进行检查和调整。

二、转向力的检测

1. 利用转向参数测量仪检测

(1) 把转向参数测量仪对准被测转向盘中心，调整好三个连接叉上伸缩卡爪的长度，与转向盘连接并固定好（见图 2-14）。

(2) 转动操纵盘，转向力通过底板、力矩传感器、连接叉传递到被测转向盘上，使转向盘转动以实现汽车转向。

(3) 此时，力矩传感器将转向力矩转变成电信号，而定位杆内端连接的光电装置则将转角的变化转变成电信号。这两种电信号由微机自动完成数据采集、转角编码、运算、分析、存储、显示和打印。

注意：使用转向参数测量仪，既可测得转向盘的转向力，又可测得转向盘的自由转动量。

2. 利用弹簧秤检测

如图 2-16 所示，可用弹簧秤沿转向盘转动方向，反向拉动转向盘的边缘，测量转向力。

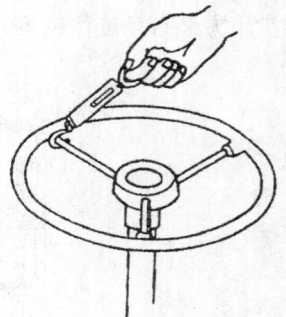

图 2-16　利用弹簧秤检测

三、最大转向角的检测

1. 利用转角仪检测

（1）车辆沿行车中心线驶向车轮位置测量装置，并按提示停车，由该装置检测转向轮的位置，如图 2-17 所示。

（2）检测完成后，系统自动起动电动机，移动测试单元，以适应当前的车轮位置。

（3）移动停止后，汽车直线行驶上转角仪，并停在圆盘上。

（4）根据提示向右转动转向盘到极限位置，系统采样，测得左、右车轮的外、内转向角。

（5）根据提示向左转动转向盘到极限位置，系统采样，测得左、右车轮的外、内转向角。

（6）测试结束后，转向盘回到中间位置，驶离检测位置。

2. 利用量角器检测

（1）将前桥顶起，使前轮处于直线位置。

（2）在左、右轮胎下面垫一块木板和白纸（固定在板上），将木尺紧靠轮胎外边缘。

（3）用铅笔在纸上画出与车轮平行的直线 a，再把转向盘向右转画出第二条线 b，如图 2-17 所示。然后，用量角器测量出右转向轮的右转向角。

（4）使用同样的方法，测量出左转向轮的左转向角。

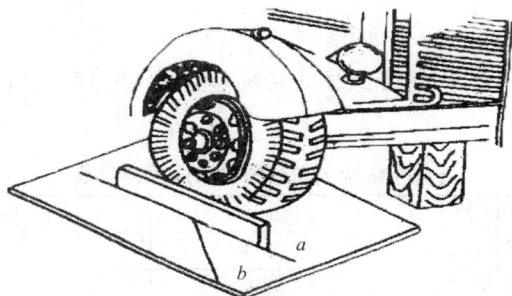

图 2-17 最大转向角的检测

四、转向盘锁止功能的检测

（1）将点火开关转至 LOCK 位置，轻轻转动转向盘，此时转向盘应该锁止不动。

（2）将点火开关转至 ACC 位置，转向盘应能自由转动。

（3）用手转动转向盘，并在轴向和径向上用力摇动，观察转向盘是否移位，由此判断转向盘与转向轴连接是否松旷，轴承是否松动。

五、检测结果的诊断分析

1. 转向盘自由行程过大

在车辆使用过程中，转向盘自由行程过大具体表现为汽车转向时感觉转向盘松旷量很大，需用较大的幅度转动转向盘，方能控制汽车的行驶方向；而在汽车直线行驶时又感到行驶方向不稳定。

转向盘自由行程过大的原因主要有：转向系统的齿轮啮合间隙调整不当；转向系统齿轮箱安装不良；转向系统齿轮磨损；转向轴万向节磨损；左、右横拉杆连接处磨损等。

检查故障原因时，首先要重点判明故障是由转向器还是由拉杆轴节磨损造成的。检查故障时，架起前轮，转动转向盘，当用力转动时，拉杆才同步运动，说明拉杆连接处磨损而松旷量过大；若拉杆不动，则说明转向器齿轮的磨损过大。

2. 转向沉重

在车辆使用过程中，转向沉重具体表现为汽车转弯时，转动转向盘感到吃力，且无回正感。汽车低速转弯行驶和调头时，转动转向盘感到非常沉重，甚至转不动。

转向沉重的原因与轮胎气压不足及悬架、车轴、转向轮定位所存在的故障有关。与转向系统有关的故障为：齿条和小齿轮啮合间隙过小；转向轴的轴承过紧或损坏等。

检查故障原因时，首先拆下转向节臂并转动转向盘，若仍感到转向沉重，说明转向器存在故障；若齿轮啮合间隙过小，说明转向柱轴套严重磨损等；若感觉不到转向沉重，应检查拉杆球头间隙是否过小、车身是否变形、前轮定位角是否满足要求等。

任务评价

一、工作成果评价

严格按照技术标准规范、对各小组转向系统检测与诊断程序、行为规范、操作水平、检测精度等进行评价。

转向系统检测与诊断工作成果评价表

学习目标	评价指标	评价标准	小组评价	教师评价
准备检测	操作程序	正确		
	操作行为	规范		
	操作水平	熟练		
实施检测	操作程序	正确		
	操作行为	规范		
	操作水平	熟练		
	检测精度	达到要求		

二、学习成果评价

按照职业教育技术类技能型人才培养要求，主要评价学生转向系统检测与诊断知识、能力及技术人员职业特质形成的情况。

转向系统检测与诊断学习成果评价表

	学习目标	评价标准	小组评价	教师评价
知识	转向系统检测与诊断的意义	理解		
	转向系统的基本组成及工作原理	理解		
	了解转向系统常用检测仪器的基本结构与使用方法	理解并简述		
通用能力	协调能力	了解、运用协调方法		
	沟通能力	了解、运用沟通方法		
	配合能力	了解、运用配合方法		
	方法能力	具有革新意识		
专业能力	转向盘自由行程的检测方法	达到职业资格要求的能力水平		
	转向力的检测方法	达到职业资格要求的能力水平		
	最大转向角的检测方法	达到职业资格要求的能力水平		
	转向盘锁止性能的检测方法	达到职业资格要求的能力水平		
	检测结果的诊断分析	达到职业资格要求的能力水平		
特质	价值追求	追求标准、规范、精度的职业活动价值		
	思维特点	过程导向思维的认识、建立与习惯养成		
	职业态度	严谨认真、一丝不苟、精益求精的态度		

教师、同学建议：

评价汇总：
A 优秀
B 良好
C 基本掌握

努力方向：

思考与练习

1. 什么是转向盘的自由行程？如何检测？

2. 如何利用量角器检测车辆的最大转向角？

3. 转向沉重的主要原因有哪些？

任务五　车轮平衡的检测与诊断

随着道路质量的提高和高速公路的普及，汽车行驶速度越来越快，因此，对汽车车轮平衡度的要求也越来越高。车轮高速旋转时，不平衡质量会引起车轮上下跳动和横向摆振，不仅影响汽车行驶的平顺性、乘坐舒适性和操纵性，而且也影响行车安全。车轮的上下跳动和横向摆振还会加剧轮胎的磨损，缩短汽车使用寿命，增加运输成本。因此，车轮平衡问题越来越引起人们的重视，车轮平衡度已成为汽车检测项目之一。

任务目标

了解车轮平衡检测与诊断的意义；

了解离车式车轮动平衡机和就车式车轮动平衡机的基本作用、组成和工作原理；

掌握车轮静平衡的检测方法；

掌握车轮动平衡的检测方法；

能够根据检测结果对车轮不平衡的原因进行诊断分析。

任务描述

在汽车正常使用一定时间后，尤其是在对轮辋、轮胎进行修补、修复或更换新轮胎后，一定要对轮胎进行平衡检测，测量不平衡质量的大小和相位，并进行校正。车轮平衡的检测包括车轮静平衡的检测和车轮动平衡的检测。

任务分析

静平衡的车轮重心与旋转中心重合；而静不平衡的车轮重心与旋转中心不重合，在旋转时会产生离心力。车轮静不平衡将导致轮胎异常磨损、前轮摆振等现象。车轮静平衡的检测可就车进行。

对于驱动轮上的车轮，由于受到差速器等的制约，无法使用车轮静平衡检测法。如图 2-18 所示，即使是静平衡的车轮，由于质量分布相对车轮纵向中心面不对称，在装车使用时，也可能动不平衡。因此，还应对车轮进行动平衡检测。车轮动平衡检测可利用离车式车轮动平衡机进行，也可利用就车式车轮动平衡机进行。

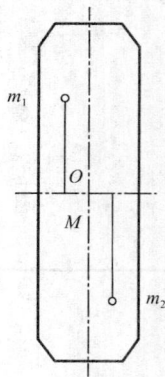

图 2-18　静平衡、动不平衡的车轮

一、离车式车轮动平衡机

离车式车轮动平衡机用于对车轮进行动平衡检测。离车式车轮动平衡机按平衡机转轴的形式分为软式车轮动平衡机和硬式车轮动平衡机两类。软式车轮动平衡机,安装车轮的转轴由弹性元件支承;硬式车轮动平衡机,安装车轮的转轴由刚性元件支承。凡是可以测定左、右两侧的不平衡量及其相位的,称为二面测定式车轮动平衡机。

目前应用最多的是硬式二面测定式车轮动平衡机。如图 2-19 所示,该动平衡机一般由驱动装置、转轴与支承装置、显示与控制装置、制动装置、机箱和车轮防护罩等组成。驱动装置包括电动机和传动机构;转轴由滚动轴承支承,轴承内安装有测力传感器;显示与控制装置用于测量和显示不平衡量及相位。

为了使显示的不平衡量恰好是轮辋边缘所加平衡块的质量,还必须将测得的轮辋直径、轮辋宽度,以及轮辋边缘至动平衡机箱的距离,通过键盘或选择器旋钮输入计算机。

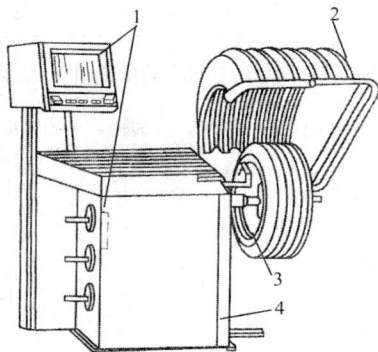

图 2-19 离车式车轮动平衡机示意图

1—显示与控制装置;2—车轮防护罩;3—转轴;4—机箱

离车式车轮动平衡机的专用卡尺如图 2-20 所示。为了适应不同计量制式,平衡机上所有标尺一般都同时标有英制和米制刻度。

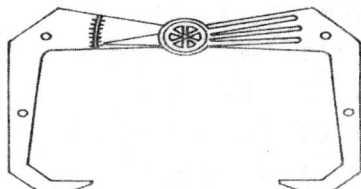

图 2-20 离车式车轮动平衡机的专用卡尺

二、就车式车轮动平衡机

如图 2-21 所示,就车式车轮动平衡机一般由驱动装置、测量装置、显示与控制装置、制动装置和小车等组成。驱动装置由电动机、转轮等组成；测量装置由传感磁头、可调支杆、底座和传感器组成；指示与控制装置由频闪灯、不平衡度表或数字显示屏等组成。频闪灯用来指示车轮不平衡点位置；不平衡度表或数字显示屏用来指示车轮的不平衡量，一般有两个挡位。第一挡一般用于初查时指示；第二挡用于装上平衡块后复查时指示。

注意：就车式车轮动平衡机既可以对车轮进行静平衡检测，也可以对车轮进行动平衡检测。

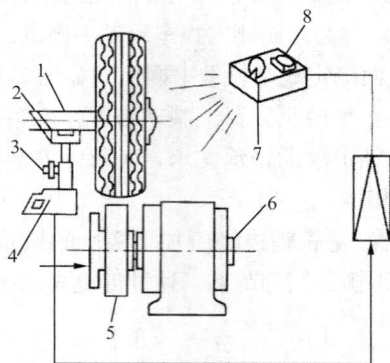

图 2-21　就车式车轮动平衡机示意图

1—转向节；2—传感磁头；3—可调支杆；4—底座；5—转轮；6—电动机；7—频闪灯；8—不平衡度表

任务实施

一、车轮静平衡的检测

1. 利用经验法检测

（1）对于非驱动桥上的车轮，支起车桥，调整好轮毂轴承的松紧度，用手轻轻转动车轮，使其自然停转。

（2）在停转的车轮离地最近处做一标记，然后重复上述步骤。

（3）如果每次试验标记都停在离地最近处，则车轮静不平衡；如果多次转动自然停止后的标记位置各不相同，说明车轮静平衡。

2. 利用就车式车轮动平衡机检测

（1）用千斤顶顶起车桥，两边车轮离地间隙要相等。

（2）清除被测车轮上的泥土、石子和旧平衡块。

（3）检查轮胎气压。如气压较低，应充至规定值。

（4）检查轮毂轴承是否松旷，必要时予以调整。

（5）在轮胎外侧面任意位置上用白粉笔或白胶布做上记号。

（6）如图 2-22 所示，使用三角垫木或其他方法固定另一个前轮和两后轮，将传感磁头吸附到悬架或转向节上。

图 2-22　就车式车轮动平衡机的使用

1—光电传感器；2—手柄；3—仪表板；4—驱动电动机；5—摩擦轮；6—传感器支架；7—被测车轮

（7）推动车轮动平衡机至车轮侧面或前面，检查频闪灯工作是否正常，检查转轮的旋转方向能否使车轮的转动方向与汽车前进行驶的方向一致。

（8）操纵车轮动平衡机转轮与轮胎接触，启动电动机带动车轮旋转至规定转速。

（9）观察频闪灯照射下的轮胎标记位置，并从指示装置上读取不平衡数值（用第一挡显示）。

（10）操纵车轮动平衡机上的制动装置，使车轮停止转动。

（11）用手转动车轮，使其上的标记处在上述观察位置上，此时轮辋的最上部即为加装平衡块的位置。

（12）按指示装置上显示的静不平衡量选择平衡块，牢固地卡在轮辋边缘上。

（13）重新驱动车轮进行复试，这时指示装置用二挡显示。调整平衡块的质量和位置，直到符合平衡要求为止。

二、离车式车轮动平衡检测

1. 利用离车式车轮动平衡机检测

（1）清除被测车轮上的泥土、石子和旧平衡块。

（2）检查轮胎气压。如气压较低，应充至规定值。

（3）根据轮辋中心孔的大小选择锥体，仔细装上车轮，用大螺距螺母上紧，如图 2-23 所示。

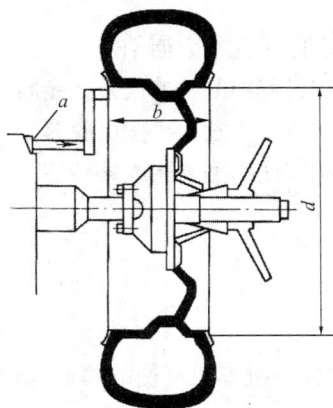

图 2-23　车轮在动平衡机上的安装

(4) 打开电源开关，检查指示与控制装置的面板是否指示正确。

(5) 用卡尺测量轮辋宽度 b、轮辋直径 d，用平衡机上的标尺测量轮辋边缘至机箱距离 a（见图 2-23，a 为标尺示数）。再用键入或选择器旋钮对准测量数值的方法，将上述数值输入控制装置。

(6) 车轮自动停转或听到"嘀"声，按下停止键并操纵制动装置使车轮停转，从指示装置读取车轮内、外侧不平衡量和不平衡位置。

(7) 抬起车轮防护罩，用手慢慢转动车轮。当指示装置发出指示时停止转动。根据显示的平衡块质量，在轮辋内侧或外侧牢固安装平衡块。

(8) 重新检测动平衡，直到指示装置显示不平衡质量小于 5 g，或显示"00""OK"为止。

(9) 关闭电源开关，取下被测车轮。

2. 利用就车式车轮动平衡机检测

(1) 用千斤顶顶起车桥，两边车轮离地间隙要相等。

(2) 清除被测车轮上的泥土、石子和旧平衡块。

(3) 检查轮胎气压。如气压较低，应充至规定值。

(4) 检查轮毂轴承是否松旷，必要时予以调整。

(5) 在轮胎外侧面任意位置上用白粉笔或白胶布做上记号。

(6) 将传感磁头吸附在经过擦拭的制动底板边缘平整处，使磁头与车轮旋转中心处在同一水平位置。

(7) 驱动车轮动旋转至规定转速，观察频闪灯照射下的轮胎标记位置，读取动不平衡值。

(8) 使车轮停止转动，按动不平衡值选择平衡块，加装平衡块。

(9) 重新驱动车轮进行复试，这时指示装置用二挡显示。调整平衡块质量和位置，直到符合平衡要求为止。

注意：一次调整可能不能将左、右两侧的不平衡量都调整到符合标准，此时可进行第二次调整。但调整次数不宜过多。否则车轮上将安装过多的平衡块。

三、检测结果的诊断分析

造成车轮不平衡的主要原因有以下几个方面：

(1) 轮辋、轮胎在生产和修理过程中的精度误差、轮胎材料不均匀。

(2) 轮胎装配不正确，螺栓质量不一致，平衡块脱落。

(3) 汽车行驶过程中的偏磨损，使用翻新胎或补胎等。

任务评价

一、工作成果评价

严格按照技术标准规范、对各小组车轮平衡的检测与诊断程序、行为规范、操作水平、检测精度等进行评价。

车轮平衡的检测与诊断工作成果评价表

学习目标	评价指标	评价标准	小组评价	教师评价
准备检测	操作程序	正确		
	操作行为	规范		
	操作水平	熟练		
实施检测	操作程序	正确		
	操作行为	规范		
	操作水平	熟练		
	检测精度	达到要求		

二、学习成果评价

按照职业教育技术类技能型人才培养要求，主要评价学生车轮平衡的检测与诊断知识、能力及技术人员职业特质形成的情况。

车轮平衡的检测与诊断学习成果评价表

学习目标		评价标准	小组评价	教师评价
知识	车轮平衡的检测与诊断的意义	理解		
	离车式车轮动平衡机的基本作用、组成及工作原理	理解并简述		
	就车式车轮动平衡机的基本作用、组成及工作原理	理解并简述		
通用能力	协调能力	了解、运用协调方法		
	沟通能力	了解、运用沟通方法		
	配合能力	了解、运用配合方法		
	方法能力	具有革新意识		
专业能力	车轮静平衡的检测	达到职业资格要求的能力水平		
	车轮动平衡的检测	达到职业资格要求的能力水平		
	检测结果的诊断分析	达到职业资格要求的能力水平		
特质	价值追求	追求标准、规范、精度的职业活动价值		
	思维特点	过程导向思维的认识、建立与习惯养成		
	职业态度	严谨认真、一丝不苟、精益求精的态度		

教师、同学建议：

评价汇总：
A 优秀
B 良好
C 基本掌握

努力方向：

思考与练习

1. 如何检测车轮的静平衡？
2. 如何利用离心式车轮动平衡机检测车轮平衡？
3. 造成车轮不平衡的主要原因有哪些？

任务六　车轮定位的检测与诊断

当车辆行驶过程中遇到外力发生偏转时，一旦外力消失，转向车轮应能立即自动回到原来的直线行驶位置。这种自动回正作用是由车轮定位参数来实现的。因此，为保证汽车直线行驶的稳定性和操纵的轻便性，减少轮胎和其他机件的磨损，必须保证车轮定位参数符合规定要求。

任务目标

了解车轮定位检测与诊断的有关概念及意义；

了解气泡水准仪的基本组成；

了解四轮定位仪的基本组成；

了解利用气泡水准仪检测车轮定位的方法；

掌握利用四轮定位仪检测车轮定位的方法。

任务描述

在汽车的转向轮上，设计有前轮前束、车轮外倾角、主销外倾角、主销后倾角和主销内倾角五个参数，称为"转向轴车轮定位"。由于转向轴一般在前轮上，故习惯上称为"前轮定位"。而把后轮外倾角和后轮前束称为"后轮定位"，其作用是使前后轮胎的行驶轨迹重合，以减少高速时前后轮胎的横向侧滑量和轮胎的偏磨损，前轮定位和后轮定位统称为四轮定位。车轮定位参数的检测，是在汽车车轮静止不动的状态下，使用车轮定位仪对车轮定位值进行的几何检测。

任务分析

车轮定位仪按出现的先后顺序分为气泡水准式、光学投影式、激光式等。早期的车轮定位仪为前轮定位仪，即只对转向轮车轮定位参数进行测量。现代的车轮定位仪均为四轮定位仪，可同时测量前轮和后轮定位参数。

气泡水准式车轮定位仪结构简单、价格低廉，便于携带，但是也有安装、测试费时费力的缺点，在进行简易检测时仍有使用。四轮定位仪采用精密传感测量技术和计算机控制技术，测量过程中，可与原厂设计参数进行对比，并指导使用者对车轮定位参数进行相应调整，测量准确且操作简便，在汽车维修企业中应用最为广泛。

相关知识

一、气泡水准仪

气泡水准仪按适用车型的范围分为两种：一种适用于大、中、小型汽车，如图 2-24（a）所示；另一种仅适用于小型汽车，如图 2-24（b）所示。水准仪由壳体、水泡管、水泡调节装置和刻度盘等组成。图 2-24（a）所示的水准仪有两个定位销，以便插入支架中心孔，固装在支架上，因而适用于大、中、小型汽车的检测；图 2-24（b）所示的水准仪带有永久磁铁和定位针，可以对准转向节枢轴中心孔吸附在轮毂端面上，因而省去了支架，仅适用于小型汽车。

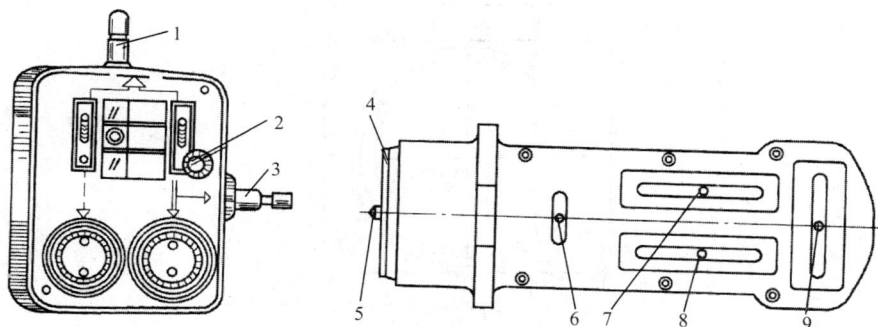

（a）适用于大、中、小型汽车的水准仪　　　　　（b）仅适用于小型汽车的水准仪

图 2-24　气泡水准仪

1、3—定位销；2—旋钮；4—永久磁铁；5—定位针；6—校正水准仪水平状态的气泡管；

7—测量主销后倾角的水泡管；8—测量前轮外倾角的水泡管；9—测量主销内倾角的水泡管

二、四轮定位仪

四轮定位仪主要由定位平台、转盘、附件、传感器机头、定位仪主机和通信系统等组成。

1. 定位平台

定位平台用于汽车四轮定位检测和调整时提供符合要求的场地，有地沟和举升器两种形式。图 2-25 所示为举升器式定位平台。

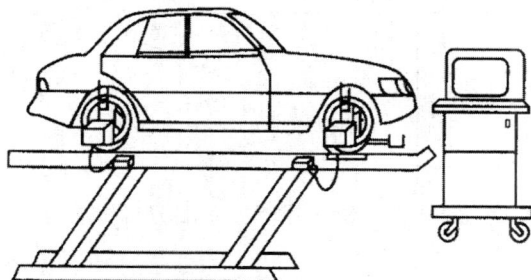

图 2-25　举升器式定位平台

2．转盘

转盘的作用是在主销倾角的检测中，便于静止汽车前轮转向，并转至规定的角度；测试两前轮的最大转向角。转盘由固定盘、活动盘、扇形刻度尺、游标指针、锁止销和滚珠等组成，如图 2-26 所示。活动盘上装有指针，以指示车轮转过的角度。有的转盘装有位移传感器，构成电子转盘，可将转盘转过的角度转换成电信号，并通过电缆传送给计算机。检测中应将锁止销取下，而检测前后可用锁止销将活动盘锁止，以便前轮上下转盘。

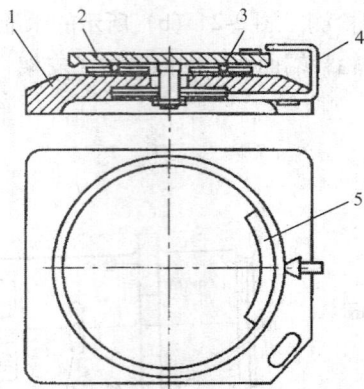

图 2-26　转盘的结构

1—固定盘；2—活动盘；3—滚珠；4—游标指针；5—扇形刻度尺

车轮绕主销转动时的运动轨迹如图 2-27 所示，C 为车轮接地中心，O 为转动前后车轮中心线的交点。检查时，先用锁销将上转盘与底座锁住，转角仪指针对准"0"刻度。将汽车转向轮直线驶上转角仪转盘中心位置，保证车轮处于直线水平位置，转向盘位于直线行驶中心位置。拔下插销，可以开始测量。将转向盘分别向左和向右转到极限位置，即可测出左、右极限转向角。

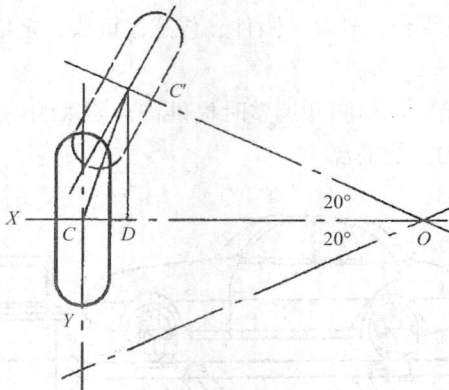

图 2-27　车轮绕主销转动时的运动轨迹

3．附件

附件主要包括轮辋卡夹、转向盘锁定杆、制动踏板固定杆等，如图 2-28 所示。

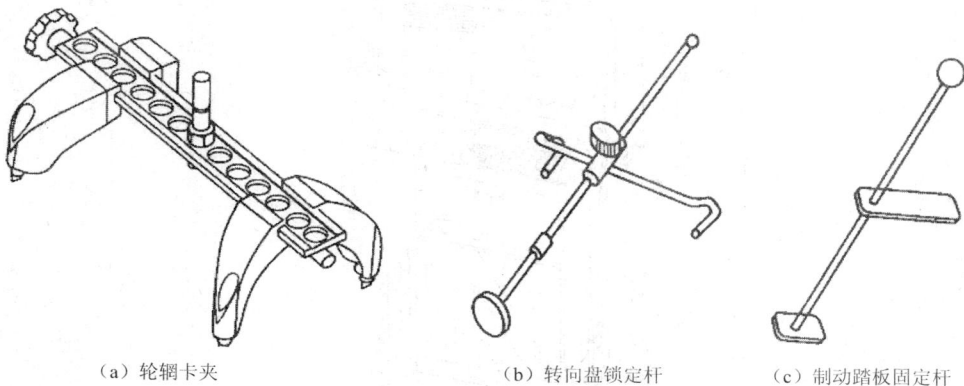

(a) 轮辋卡夹　　　　　　　　　(b) 转向盘锁定杆　　　　　　(c) 制动踏板固定杆

图 2-28　定位仪附件

4. 传感器机头

传感器机头是四轮定位仪的核心部件。上面标有在车轮上的安装位置，各自不能互换。如果更换任一传感器机头，则需要对所有传感器机头重新进行标定。传感器机头内主要有控制板、信号光源、位置传感器、倾角传感器、通信装置、电源等。传感器机头主要有拉线式、CCD（电荷耦合器件）、3D 图像式几种。

拉线式四轮定位仪采用角位移传感器，该传感器实质上是一个带摆臂的滑线旋转电位计，摆臂旋转一定角度时，带动电位计的电刷转动，从而改变输出电阻，最终导致传感器的输出电压变化。

CCD 式四轮定位仪通过光源发出的光，通过光学成像系统照射在 CCD 光敏面的感光单元上，相应的感光单元产生电荷，经附加电路处理后，输出视频信号。CCD 光学测量装置的光源有红外光和激光两种，相应的定位仪称为红外四轮定位仪和激光四轮定位仪。

3D 图像式四轮定位仪将多个高分辨率的图像传感器安装在定位仪主机（或立柱）上，而装夹在车轮上的传感器机头由一个反光板代替，其上有若干个规定大小的反光斑，如图 2-29 所示。

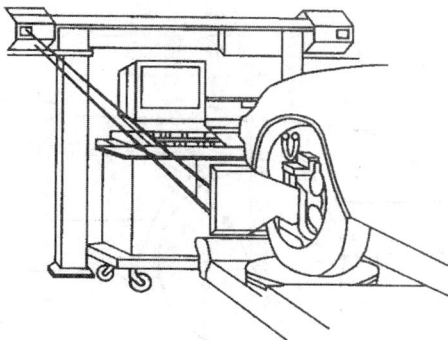

图 2-29　3D 图像式四轮定位仪

5. 定位仪主机

如图 2-30 所示，定位仪主机由机柜、计算机、主机接口和打印机组成。计算机内有四轮定位专用软件，计算机硬盘中存有各种车型定位参数的数据库和操作帮助系统等。

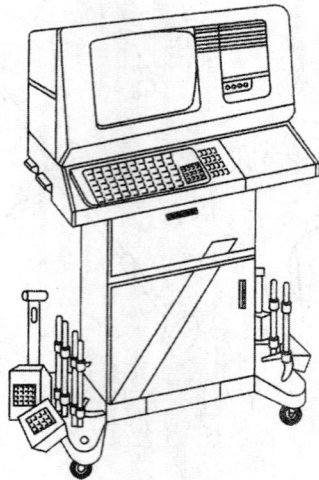

图 2-30　定位仪主机

6. 通信系统

四轮定位仪的传感器机头之间、传感器机头与主机之间需要互相传递信号与数据，最早是采用电缆来传输的，而后用红外光，继而用高频无线电，最新采用的是蓝牙通信技术。

三、车轮定位参数

1. 主销后倾角

主销后倾角是在汽车纵向平面内，主销上部向后倾斜而与车轮中心的垂线形成的角度，如图 2-31 所示。主销后倾角不宜过大，否则转向时，须在转向盘上施加较大的力，导致转向盘沉重。一般主销后倾角不超过 $2°\sim3°$。目前，乘用车广泛采用低压胎，轮胎与地面接触面增大，从而引起回正力矩增加，因此主销后倾角可减小到接近于零，甚至为负值，但不超过 $-1°$。

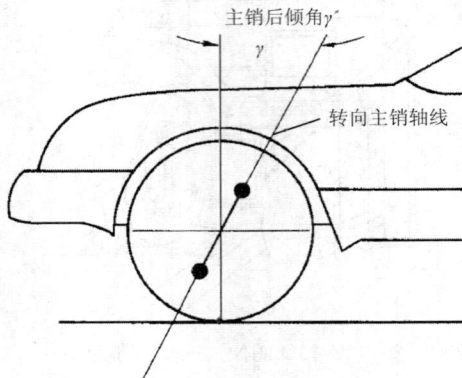

图 2-31　主销后倾角

2. 主销内倾角

主销内倾角是在汽车横向平面内,主销上部向内倾斜而与垂线形成的角度,如图2-32所示。主销内倾角不宜过大。否则在转向时,在车轮绕主销偏转的过程中,轮胎与路面间将产生较大的滑动,从而增加轮胎与路面的摩擦阻力,这样不仅使转向变得很沉重,而且会加速轮胎的磨损。故主销内倾角一般不大于8°。

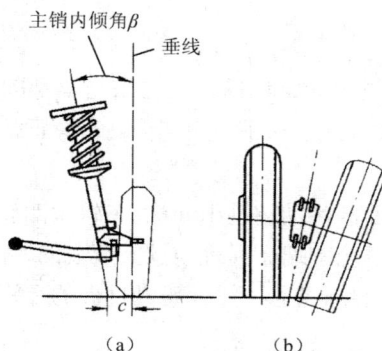

图 2-32   主销内倾角

3. 前束

前桥左、右车轮的旋转平面不平行,车轮前端胎面中心线间的距离小于车轮后端胎面中心线间的距离称为前轮前束,如图2-33所示。对于每个车轮来说,前端偏向汽车中心纵轴线为正前束,前端偏离汽车中心纵轴线为负前束(又称前张)。总前束是左轮前束和右轮前束之和。前轮前束可通过改变横拉杆的长度来调整。一般前束值都小于 8 ~ 12 mm。

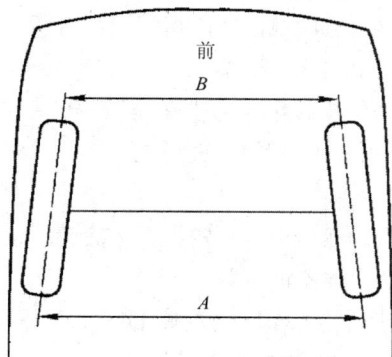

图 2-33   前轮前束

🚗 任务实施

一、检测前的基本检查

1. 轮胎的检查

检查轮胎有无磨损、膨胀或其他损坏。轮胎的大小和气压必须符合规定。如一侧轮胎花纹已磨光，而另一侧轮胎花纹良好的车辆，不能做车轮定位检测。

2. 机件配合间隙的检查

逐一检查和车轮定位有关的机件配合间隙，如轮毂轴承，摆臂衬套，下摆臂承载式球接头，横、直拉杆球接头，转向节主销与衬套有无磨损和松旷等。这些部位松旷、空载和重载时车轮定位角会发生一定程度的变化，影响测量精度。因此，应先排除上述故障后再做车轮定位检测。

3. 恢复车身的正常高度

采用扭杆弹簧的悬架，检测车轮定位前，应先恢复车身的正常高度。将车置于水平面，用双手向下按保险杠中央部两端，然后松手。使其恢复车身正常高度，再连接检测量具。

4. 车轮端面圆跳动检查

检查车轮端面圆跳动，端面圆跳动超过 1mm 的车轮做四轮定位检测前，需做偏位补偿。车轮端面圆跳动过大通常是由于轮辋端面圆跳动过大造成的，四轮定位检查用的轮辋夹就固定在轮辋上，所以在四轮定位检测前应换下端面跳动过大的车轮。

二、利用气泡水准仪检测车轮定位

1. 水准仪的安装

(1) 使所有车轮处于同一高度，并处于直线行驶位置。将两个水准仪的转动盘置于两个前轮的下方。

(2) 拆下轮毂盖，把水准仪吸在所测车轮转向节轴端，或轮毂端面上。如条件不允许也可用轮辋夹来安装。把定位仪调平，汽车处于行车制动状态。

2. 主销后倾角的检测

(1) 确认转向指针处于零位，然后根据转向指针读数将所检查车轮向外侧偏转20°。

(2) 将要检查的主销后倾角水准器调至零。

(3) 根据转向指针读数，将所检查车轮向内侧偏转40°（即车轮由直线行驶位置向内侧偏转20°），把定位仪调平。记下主销后倾角的读数。

3. 主销内倾角的检测

(1) 确认转向指针处于零位，然后根据转向指针读数将所检查车轮向外侧偏转20°。

(2) 将要检查的主销内倾角水准器调至零。

(3) 根据转向指针读数，将所检查车轮向内侧偏转40°（即车轮由直线行驶位置向内侧偏转20°），把定位仪调平。记下主销内倾角的读数。

4. 车轮外倾角的检测

水准仪垂直安装于转向轮旋转的平面上，当具有外倾角的转向轮处于直线行驶位置时，气泡管中的气泡偏向车轮一侧。将气泡管调回水平位置时，气泡的位移量或角度调节量即反映了外倾角的大小。

5. 前轮前束的检测

(1) 将汽车停放在水平坚硬的场地上，顶起汽车前桥，使车轮能够自由转动。

(2) 用手平稳地转动车轮，并在轮胎胎冠中心处画出一条中心线。

（3）将车辆落下，并将汽车向前推动少许，使汽车处于直行状态。

（4）调整前束尺的两个指针，使之分别指向左、右转向车轮前方的胎冠中心线，且指针尖端距地面高度应等于被测车轮的半径。

（5）再调整前束尺的刻度标尺，使之对准零位。

（6）将前束尺移至左、右转向车轮的后方，调整前束尺的两个指针，使之分别指向左、右转向车轮后方的胎冠中心线。此时，前束尺标尺的刻度读数即为被测车轮的前束值。

三、利用四轮定位仪检测车轮定位

各种四轮定位仪的使用方法基本相同，但由于操作系统的差异，使得各种四轮定位仪在操作中有细小的差异。下面将四轮定位仪的基本操作方法介绍如下。

1. 检测前的准备

（1）将汽车开上举升平台，托住车轮，把汽车举升 0.5 m（第一次举升）。

（2）托住车身，把车轮举升至车轮能自由转动（第二次举升）。

（3）检查轮胎磨损情况，要求各轮胎磨损情况基本一致。

（4）做车轮动平衡试验，动平衡完成后，将车轮装回车上。

（5）检查车身高度，如车身不平应先调平；检查转向系统和悬架的技术状况，并进行必要的检修和调整。

2. 车轮定位的检测

（1）如图 2-34 所示，将轮辋卡夹安装在轮辋上；再把传感器机头安装到支架上，并按使用说明书的要求进行调整。

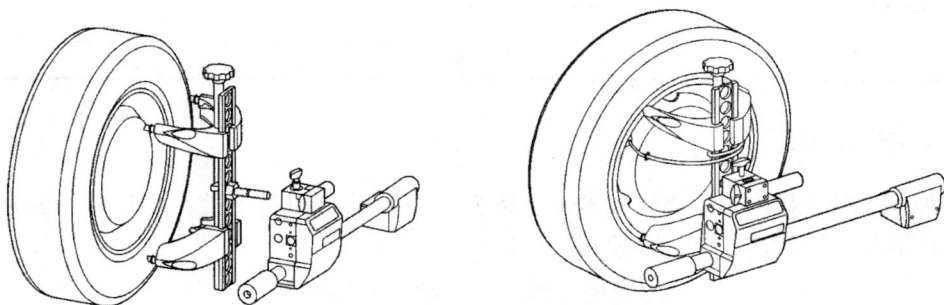

图 2-34　传感器机头的安装

（2）开机进入测试程序，输入被测检汽车的车型和生产年份。

（3）进行轮辋变形补偿。转向盘处于直行位置，使每个车轮旋转差输入计算机。

（4）降下第二次举升量，使车轮落到平台上，把汽车前部和后部向下压动 4 ～ 5 次，使其做压力弹跳。

（5）用制动锁压下制动踏板，使汽车处于制动状态。

（6）转向盘左转至计算机发出 OK 声，输入左转角度，然后把转向盘右转至计算机发出 OK 声，输入右转角度。

（7）转向盘回正，计算机屏幕上显示出后轮的前束及外倾角数值。

（8）调正转向盘，并用转向盘锁锁住转向盘，使之不能转动。

（9）把安装在四个轮上的传感器机头的水平仪调到水平线上，此时计算机屏幕上显示出转向轮的主销后倾角、主销内倾角、转向轮外倾角和前束的数值。

（10）按计算机屏幕提示，调整车轮定位。若调整后仍不符合规定，应更换相关零部件。

（11）进行第二次压力弹跳，将转向轮左右转动，把车身反复压下后，观察计算机屏幕上的数值有无变化。若数值变化，应再次调整。

（12）若第二次检查未发现问题，则应将调整时松开的部位紧固。拆下定位校正头和支架，进行路试，检查车轮定位调整效果。

任务评价

一、工作成果评价

严格按照技术标准规范，对各小组车轮定位的检测与诊断操作程序、操作行为、操作水平、检测精度等进行评价。

车轮定位的检测与诊断工作成果评价表

学习目标	评价指标	评价标准	小组评价	教师评价
准备检测	操作程序	正确		
	操作行为	规范		
	操作水平	熟练		
实施检测	操作程序	正确		
	操作行为	规范		
	操作水平	熟练		
	检测精度	达到要求		

二、学习成果评价

按照职业教育技术类技能型人才培养要求，主要评价学生车轮定位的检测与诊断知识、能力及技术人员职业特质形成的情况。

车轮定位的检测与诊断学习成果评价表

学习目标		评价标准	小组评价	教师评价
知识	车轮定位的检测与诊断的意义	理解		
	气泡式水准仪的基本组成	理解并简述		
	四轮定位仪的基本组成	理解并简述		
通用能力	协调能力	了解、运用协调方法		
	沟通能力	了解、运用沟通方法		
	配合能力	了解、运用配合方法		
	方法能力	具有革新意识		
专业能力	检测前的基本检查	达到职业资格要求的能力水平		
	利用气泡水准仪检测车轮定位	达到职业资格要求的能力水平		
	利用四轮定位仪检测车轮定位	达到职业资格要求的能力水平		

续表

学习目标		评价标准	小组评价	教师评价
特质	价值追求	追求标准、规范、精度的职业活动价值		
	思维特点	过程导向思维的认识、建立与习惯养成		
	职业态度	严谨认真、一丝不苟、精益求精的态度		

教师、同学建议：

评价汇总：
A 优秀
B 良好
C 基本掌握

努力方向：

思考与练习

1. 四轮定位仪由哪几部分组成？各部分的主要作用是什么？
2. 简述如何利用气泡水准仪检测车轮定位。
3. 简述如何利用四轮定位仪检测车轮定位。

任务七　转向轮侧滑量的检测与诊断

为保证汽车转向轮无横向滑移的直线滚动，要求车轮外倾角和车轮前束有适当配合。转向轮外倾角产生的外张力与转向轮前束产生的内向力相互抵消，保持转向轮沿正直方向行驶。当转向轮外倾角和转向轮前束在车辆使用过程中发生变化，两参数的平衡被破坏时，轮胎会处于一种边滚边滑的状态，从而使轮胎产生侧滑现象，称为车轮侧滑。

任务目标

了解转向轮侧滑量检测与诊断的有关概念及意义；
了解双板联动式侧滑试验台的工作原理；
了解双板联动式侧滑试验台的结构；
掌握转向轮侧滑量的检测方法；
能够根据检测结果对车轮的定位参数进行基本分析和判断。

🔧 任务描述

检测前轮侧滑量的主要目的是判断汽车前轮前束和外倾这两个参数配合是否恰当，而非测量这两个参数的具体数值。前轮侧滑量一般在侧滑试验台上进行，其值不得超过 5 m/km。目前国内多采用双板联动式侧滑试验台，用测量滑板左右位移量的方法检测汽车侧滑量。

⚙ 任务分析

转向轮侧滑量的检测，其实质就是汽车前轮定位参数的动态检测。检测时使汽车以一定的速度通过侧滑试验台，从而测量转向轮的横向侧滑量。侧滑量的单位用 m/km 表示，即汽车每行驶 1 km 产生侧滑的米数。汽车的侧滑量主要受转向轮外倾角及转向轮前束值的影响，汽车侧滑试验台就是在汽车安全检测线上用以检测汽车侧滑量的一种专门设备。

🚗 相关知识

一、双板联动式侧滑试验台的工作原理

1. 转向轮外倾角引起的侧滑

假定车辆行驶在两块可动的滑板上，若转向轮只有外倾而没有前束，由于轮胎与滑板之间的摩擦因数很大，车轮滚动过程中，会对滑板产生向内的作用力。因此车轮通过滑板时，滑板将向内侧滑移，如图 2-35 所示。

2. 转向轮前束引起的侧滑

假定车辆行驶在两块可动的滑板上，若转向轮只有前束而没有外倾，由于轮胎与滑板之间的摩擦因数很大，车轮滚动过程中，会对滑板产生向外的作用力。因此车轮通过滑板时，滑板将向外侧滑移，如图 2-36 所示。

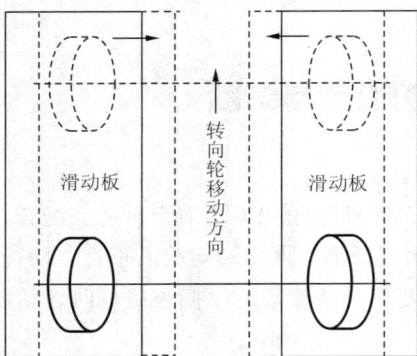

图 2-35　转向轮外倾角引起的侧滑

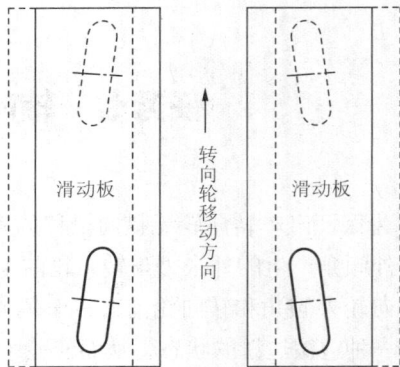

图 2-36　转向轮前束引起的侧滑

3. 转向轮外倾角与前束对侧滑的影响

通常设定向外滑动为正，向内滑动为负，即前束可引起正侧滑；外倾角可引起负侧滑。侧滑量为转向轮外倾角与前束综合作用的结果。若外倾角与前束配合合理，转向轮外倾角与前束作用在滑板上的作用力大小相等、方向相反，互相抵消，车轮就会处于向前直行方向的

滚动状态，不产生侧滑现象。

转向轮侧滑的检测，就是利用上述原理，在侧滑试验台上进行的，其实际显示的侧滑值是左、右车轮侧滑量的平均值。

二、双板联动式侧滑试验台的结构

双板联动式侧滑试验台在国内应用广泛，主要由测量装置、指示装置和报警装置等组成，典型的电气式双板联动式侧滑试验台结构如图 2-37 所示。

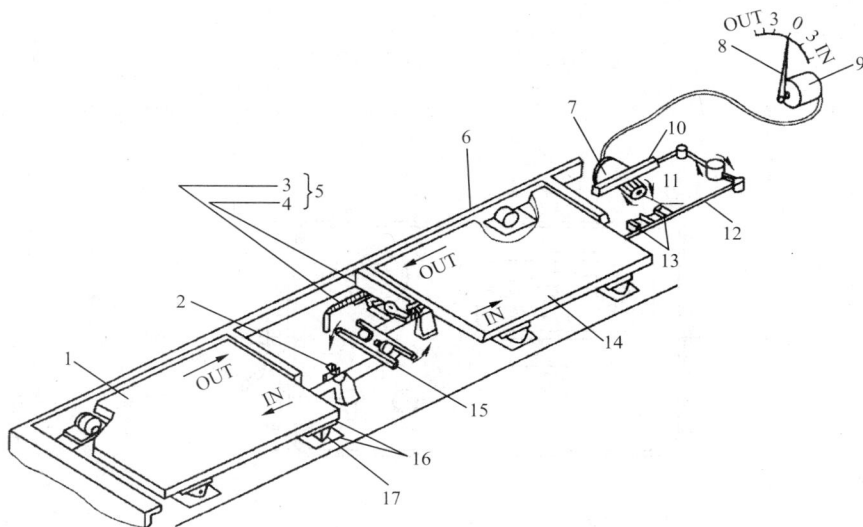

图 2-37　典型的电气式双板联动式侧滑试验台结构

1—左滑动板；2—导向滚轮；3—回位弹簧；4—摆臂；5—回位装置；6—框架；

7—产生电信号的自整角电动机；8—指示装置；9—接受电信号的自整角电动机；10—齿条；

11—小齿轮；12—连杆；13—限位开关；14—右滑动板；15—双销叉式曲柄；16—轨道；17—滚轮

1. 测量装置

如图 2-38 所示，该装置由滚轮、左右两块滑动板、连杆机构、复位弹簧、位移传感器等组成。它能测出车轮侧滑量并传递给指示装置。

2. 指示装置

指示装置可分为机械式和电气式两种，电气式的又可分为数字式和指针式两种。指针式指示装置如图 2-39 所示，它能把测量装置传递过来的滑板侧滑量，按汽车每行驶 1 km 侧滑 1 m 定为一格刻度，车轮向外侧滑动和向内侧滑动分别有 7 格以上的刻度指示。检测人员从指示仪表上就可获得车轮侧滑量的定量数值，并根据指针偏向 IN 或 OUT 的方向确定出侧滑方向。

图 2-38 双滑板式侧滑台

1—滚轮；2—左滑动板；3—连杆机构；4—复位弹簧；5—右滑动板；6—位移传感器

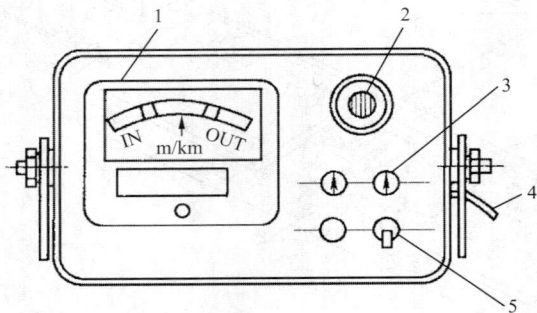

图 2-39 指针式指示装置

1—指示仪表；2—报警用蜂鸣器或信号灯；3—电源指示灯；4—导线；5—电源开关

3. 报警装置

在检测车轮侧滑量时，若侧滑量超过规定值，报警装置能够根据测量装置的限位开关等发出的信号，用蜂鸣器或信号灯报警。以便快速判定检测结果是否合格，为检测工作节约了时间。

任务实施

一、转向轮侧滑量的检测

1. 检测前的准备

(1) 调整轮胎气压至规定值。

(2) 清除轮胎表面的水、油或石子等。

(3) 检查试验台导线连接情况，仪表复零。

(4) 打开试验台锁止装置，检查侧滑板能否滑动自如和回位。侧滑板回位后，指示装置应指示零点。

2.　检测侧滑量

（1）汽车以 3 ～ 5 km/h 的速度平稳通过侧滑板。

（2）从显示装置上读取侧滑值。

（3）锁止侧滑板，切断试验台电源。

注意：汽车通过试验台时，不允许转向、制动或将汽车停放在试验台上；要保持试验台及周围环境的清洁，尤其是侧滑板的清洁；后轮有定位要求的乘用车，也要检测后轮侧滑量是否合格。

二、检测结果的诊断分析

（1）车轮侧滑量过大，多为车轮前束不当所致，绝大多数都可以通过前束的调整来解决。

（2）车轮向外侧滑量过大，说明车轮前束过大；向内侧滑量过大，说明车轮前束过小。

（3）由于车轮侧滑量是车轮外倾角与前束综合作用的结果，因此侧滑量合格，并不表示车轮定位参数都符合要求。

任务评价

一、工作成果评价

严格按照技术标准规范，对各小组转向轮侧滑量的检测与诊断操作程序、操作行为、操作水平、检测精度等进行评价。

转向轮侧滑量的检测与诊断工作成果评价表

学习目标	评价指标	评价标准	小组评价	教师评价
准备检测	操作程序	正确		
	操作行为	规范		
	操作水平	熟练		
实施检测	操作程序	正确		
	操作行为	规范		
	操作水平	熟练		
	检测精度	达到要求		

二、学习成果评价

按照职业教育技术类技能型人才培养要求，主要评价学生转向轮侧滑量的检测与诊断知识、能力及技术人员职业特质形成的情况。

转向轮侧滑量的检测与诊断学习成果评价表

	学习目标	评价标准	小组评价	教师评价
知识	转向轮侧滑量的检测与诊断的意义	理解		
	双板联动式侧滑试验台的工作原理	理解并简述		
	双板联动式侧滑试验台的结构	理解并简述		

学习目标		评价标准	小组评价	教师评价
通用能力	协调能力	了解、运用协调方法		
	沟通能力	了解、运用沟通方法		
	配合能力	了解、运用配合方法		
	方法能力	具有革新意识		
专业能力	转向轮侧滑量检测前的准备	达到职业资格要求的能力水平		
	转向轮侧滑量的检测	达到职业资格要求的能力水平		
	检测结果的诊断分析	达到职业资格要求的能力水平		
特质	价值追求	追求标准、规范、精度的职业活动价值		
	思维特点	过程导向思维的认识、建立与习惯养成		
	职业态度	严谨认真、一丝不苟、精益求精的态度		

教师、同学建议：

评价汇总：
A 优秀
B 良好
C 基本掌握

努力方向：

思考与练习

1. 简述双板联动式侧滑试验台的工作原理。
2. 简述利用双板联动式侧滑试验台检测转向轮的侧滑量。
3. 转向轮侧滑量合格是否表示车轮定位参数都符合要求？

任务八 悬架的检测与诊断

汽车悬架是将车身与车桥弹性连接的装置的总称，用来缓和由路面不平引起的冲击，吸收振动能量，传递车轮与车身之间的载荷，支承轮胎与地面的贴合。随着道路条件的改善，尤其是高速公路的发展，汽车的行驶车速大大提高，在高速行驶状态下，汽车的操纵稳定性和安全性尤为重要。而汽车的操纵稳定性和安全性都与悬架装置有着直接的关系。因此，对悬架装置性能的检测工作十分重要。

任务目标

了解悬架检测与诊断的有关概念及意义；

了解悬架的组成和作用；

了解悬架性能检测台的基本结构及工作原理；

掌握悬架的直观检查方法；

掌握悬架的检测台检测方法；

能够根据检测结果对悬架的技术状况进行基本分析和判断。

任务描述

汽车悬架工作性能的检测方法主要有直观经验法、按压车体法和试验台检测法。前两种方法主要凭借人工经验，只能够进行定性分析；试验台检测法方便快捷、数据可靠，应用越来越广泛。

任务分析

悬架装置通常由弹性元件、导向装置和减振器三部分组成。汽车悬架装置最易发生故障的部件是减振器。有研究表明，大约有1/4的汽车上至少有一个减振器工作不正常。当悬架装置减振器工作不正常时，出现汽车行驶中跳跃严重，车轮轮胎有30%的路程附着力减少，汽车转向盘发飘，弯道行驶时车身晃动加剧，制动时易发生跑偏或侧滑，轮胎磨损异常，乘坐舒适性降低，有关机件磨损速度加快等不良后果。因此，在用汽车悬架装置的检测主要是测试减振器的性能，在评价减振器性能的同时，也就对悬架装置的性能做出了综合评价。

相关知识

一、悬架的组成和作用

现代汽车的悬架虽有不同的结构形式，但一般都由弹性元件、减振器、导向机构等组成。轿车悬架上一般还装有横向稳定杆。

如图2-40所示，弹性元件使车身与车桥之间弹性连接，可以缓和由于不平路面带来的冲击，并承受垂直载荷；减振器可以衰减由于路面冲击产生的振动，使振动振幅迅速减小。导向机构包括纵向推力杆，用于传递纵向载荷，并保证车轮相对于车架的运动关系。从悬架的组成及结构可以看出，悬架的主要作用是传力、缓冲、减振和导向。

图 2-40   悬架的组成

1—纵向推力杆；2—弹性元件；3—横向推力杆；4—横向稳定杆；5—减振器

二、悬架性能检测台

悬架性能检测台是快速定量检测车辆悬架装置工作性能的专用设备，它采用某种方式让悬架产生往复振动，通过记录分析振动过程，对悬架性能作出评价。根据激振方式的不同，可以将悬架特性检测台分为跌落式和共振式两种类型。

1. 跌落式悬架性能检测台

如图 2-41 所示，利用跌落式悬架性能检测台检测时，先通过举升装置将汽车升起一定高度，然后突然松开支撑机构，车辆落下产生自由振动。用测量装置测量车体振幅或者用压力传感器测量车轮对台面的冲击压力，对振幅或压力信号分析处理后，获得测量参数，评价汽车悬架装置的工作性能。

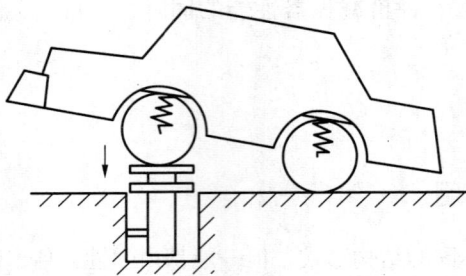

图 2-41   跌落式悬架性能检测台

2. 共振式悬架性能检测台

共振式悬架性能检测台的结构如图 2-42 所示。通过检测台的电动机、偏心轮、蓄能飞轮和弹簧组成的激振器，迫使检测台台面及其上被检汽车悬架装置产生振动。在开机数秒后断开电动机电源，从而由蓄能飞轮产生扫频激振。由于电动机的频率比车轮固有频率高，因此蓄能飞轮逐渐降速的扫频激振过程总可以扫到车轮固有振动频率处，从而使台面 - 汽车系统产生共振。通过检测激振后振动衰减过程中力或位移的振动曲线，求出频率和衰减特性，便可判断悬架装置减振器的工作性能。

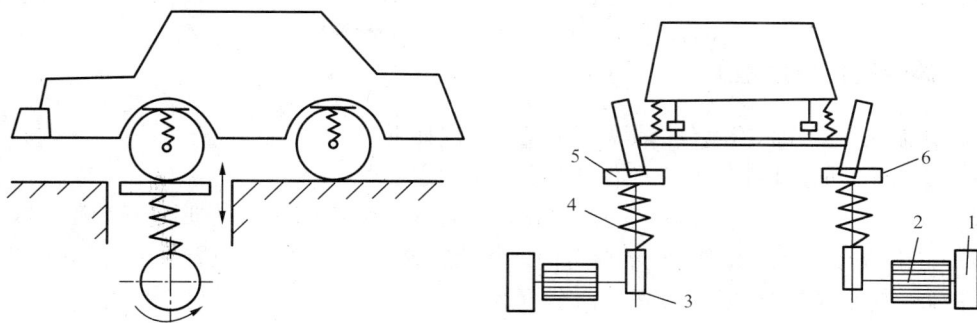

图 2-42　共振式悬架性能检测台的结构

1—蓄能飞轮；2—电动机；3—偏心轮；4—激振弹簧；5—台面；6—测量装置

　　测位移式和测力式悬架检测台，一个是测振动衰减过程中的位移量，另一个是测振动衰减过程中的力，它们的结构如图 2-43 所示。由于共振式悬架性能检测台性能稳定、数据可靠，因此应用广泛。

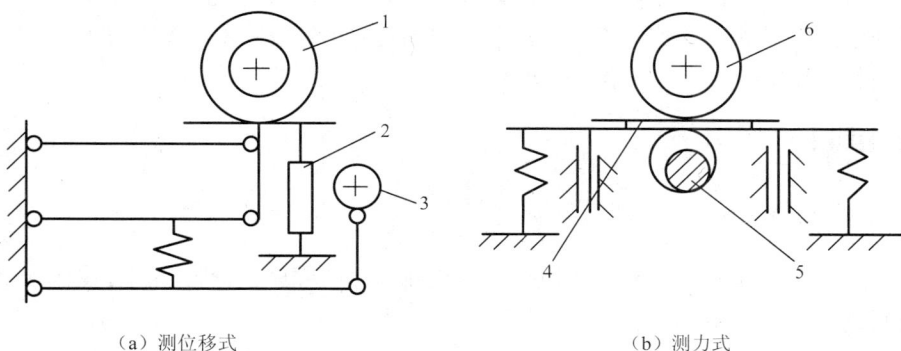

（a）测位移式　　　　　　　　　　　　　　（b）测力式

图 2-43　测位移式和测力式悬架检测台结构

1、6—车轮；2—位移传感器；3—偏心轮；4—力传感器；5—偏心轴

任务实施

一、悬架的直观检查

　　（1）从外部检查悬架装置的弹簧是否有裂纹，弹簧和导向装置的连接螺栓是否松动，减振器是否漏油、缺油和损坏等项目。

　　（2）用力压下车身，然后突然松开，观察车体上下运动，如果汽车有 2 ~ 3 次跳跃，说明减振器性能良好，如果车体上下振动不能很快停止，应更换减振器。

　　（3）汽车在行驶过程中，特别是道路颠簸、突然制动、转弯时，注意从前、后悬架部位是否发出噪声。如果有异响出现，可能是悬架各连接螺栓松动；减振器漏油或活塞杆与缸筒磨损严重；桥体橡胶衬套磨损、老化或损坏；减振器弹簧失效或折断等原因所致，应及时予以检查排除。

二、悬架的检测台检测

利用共振式悬架性能检测台检测悬架的基本步骤如下：

（1）检查轮胎的规格和气压，确保其符合厂家规定要求。

（2）打开电源开关，进入检测程序主界面，输入车辆的基本信息，然后选择检测项目。

（3）将车辆的车轮依次驶上检测台台面，将轮胎置于台面的中央位置，关闭发动机，松开驻车制动，变速杆置于空挡，驾驶人离车。

（4）启动检测程序，系统自动进行悬架性能测试。

（5）前桥检测完毕后，以同样的方式检测后桥。

三、检测结果的诊断分析

车轮作用在地面上的接地力表示汽车车轮和道路的接触状态，根据汽车行驶中车轮接地力的变化，可以评价悬架装置的品质和性能。国家标准中，对车辆悬架性能检测的要求是受检车辆的车轮受到外界激励振动下测得的吸收率，即被测汽车共振时的最小动态垂直载荷与静态车轮垂直载荷的百分比值应不小于 40%，同轴左右车轮吸收率之差不得大于 15%。若检测结果满足标准规定的限值为合格，否则为不合格。

任务评价

一、工作成果评价

严格按照技术标准规范，对各小组悬架的检测与诊断程序、行为规范、操作水平、检测精度等进行评价。

悬架的检测与诊断工作成果评价表

学习目标	评价指标	评价标准	小组评价	教师评价
准备检测	操作程序	正确		
	操作行为	规范		
	操作水平	熟练		
实施检测	操作程序	正确		
	操作行为	规范		
	操作水平	熟练		
	检测精度	达到要求		

二、学习成果评价

按照职业教育技术类技能型人才培养要求，主要评价学生汽车悬架的检测与诊断知识、能力及技术人员职业特质形成的情况。

悬架检的测与诊断学习成果评价表

学习目标		评价标准	小组评价	教师评价
知识	悬架的检测与诊断的意义	理解		
	悬架的组成和作用	理解并简述		
	悬架性能检测台的工作原理	理解并简述		
通用能力	协调能力	了解、运用协调方法		
	沟通能力	了解、运用沟通方法		
	配合能力	了解、运用配合方法		
	方法能力	具有革新意识		
专业能力	悬架的直观检查	达到职业资格要求的能力水平		
	悬架的检测台检测	达到职业资格要求的能力水平		
	检测结果的诊断分析	达到职业资格要求的能力水平		
特质	价值追求	追求标准、规范、精度的职业活动价值		
	思维特点	过程导向思维的认识、建立与习惯养成		
	职业态度	严谨认真、一丝不苟、精益求精的态度		

教师、同学建议：

评价汇总：
A 优秀
B 良好
C 基本掌握

努力方向：

思考与练习

1. 简述悬架性能检测台的工作原理。
2. 简述利用共振式悬架性能检测台对汽车悬架进行检测的步骤。

任务九　制动系统的检测与诊断

汽车制动系统是汽车上用以使路面在汽车车轮上施加一定的力，从而对其进行一定程度的强制制动的一系列专门装置。其主要作用是保证汽车行驶中能按驾驶人要求减速停车；使已停驶的车辆可靠驻车；使下坡行驶的车辆速度稳定。汽车的制动性能是汽车重要的使用性能，制动性能的检测是车辆安全性检测的重要项目之一。

任务目标

理解制动系统检测与诊断的有关概念及意义；

了解台试检验与路试法检验的优点与不足；

了解制动系统的组成及工作原理；

了解制动性能评价指标和检测标准；

理解反力式滚筒试验台、平板式制动试验台及第五轮仪的工作原理；

掌握制动系统的基本检查方法；

掌握利用反力式滚筒试验台检测制动性能的方法；

掌握利用平板式制动试验台检测制动性能的方法；

掌握路试检验制动性能的方法；

能够根据检测结果对制动系统的技术状况进行基本分析和判断。

任务描述

制动系统上的装置是否齐全、技术状况是否正常，一般可采用经验检查法进行检查。制动性能的检验方法可分为台试检验和路试检验。在检测线上，利用制动试验台进行汽车制动性能的检测。

任务分析

汽车制动性能既可以在制动试验台上检测（简称"台试检测"），也可以通过路试检测。台试检测的优点是迅速、准确、安全，不受外界条件的限制，重复性较好，能测得各车轮的制动全过程（制动力随时间增长的过程）。有利于分析前、后轴制动力的分配及制动力的平衡状态、制动协调时间等参数，给故障诊断提供可靠依据。

台试检测也有不足之处。通常被检车辆处于空载状态，且制动时没有因惯性作用而引起的轴荷前移作用，故前轴车轮容易抱死而不易测得前轴制动器可能提供的最大制动力。同一试验台对于不同型号的车辆（主要是轮胎直径不同的车辆），因其轮胎在试验台滚筒间的安置角不同，会影响其制动测定能力（即最大制动力的测定）。制动测试滚筒的制动速度较低，与实际制动状况相差甚远。这将影响所测试制动力上升速度，使制动协调时间延长，若与采用时间不能良好匹配时，甚至影响所测制动力值的大小。利用制动试验台检测不能反映汽车其他系统（如转向机构、悬架）的结构、性能对制动性能的影响。

路试检测制动性能的优点是直观、简便、能真实地反映实际工程中汽车动态的制动性能，能综合反映汽车其他系统的结构性能对汽车制动性能的影响，如转向机构、悬架系统机构和形式对制动方向稳定性的影响，且不需要大型设备与厂房。

利用路试检测制动性能的不足之处在于它只能反映整车制动性能的好坏，而对于各轮的制动状况及制动力的分配，虽能从拖、压印作出定性分析，但不易取得定量的数值；不易诊断故障发生的部位；重复性较差，制动距离的长短和制动减速度的大小，往往因驾驶人操作方法、路面状况和交通状况而异。只有在使用专用试验仪器的情况下，才能获得重复性较好的检验结果。此外，除道路条件外，路试还将受到气候条件等的限制，且有发生事故的危险性。路试检测时还要消耗燃料，磨损轮胎，紧急制动时的冲击载荷对汽车各部件会有不良的影响。

相关知识

一、制动系统的组成及工作原理

汽车制动系统一般由制动操纵机构和制动器两部分组成。操纵机构包括产生制动作和控制制动效果的各种部件，如制动踏板等；供给、调节制动所需能量以及改善传动介质状态的各种部件，如气压制动系统中的空气压缩机等；将制动能量传输到制动器的各个部件，如制动主缸、轮缸等。车轮制动器主要由旋转部分、固定部分和调整机构组成，是产生阻碍车辆运动或运动趋势的部件。

以图 2-44 中的机构为例，制动时，驾驶人踩下制动踏板，制动液进入轮缸，推动轮缸活塞向外移动，制动蹄消除了与制动鼓之间的间隙后，压紧在制动鼓上。此时，不旋转的制动蹄摩擦片对旋转的制动鼓产生摩擦力矩，其方向与车轮的旋转方向相反。制动鼓将此力矩传到车轮后，由于车轮与路面的附着作用，车轮即对路面作用一个向前的圆周力 F_μ，与此相反，路面会给车轮一个向后的反作用力，这个力就是车轮受到的制动力 F_B。车辆在制动力的作用下实施制动。松开制动踏板，在复位弹簧的作用下，制动蹄与制动鼓之间的间隙恢复，制动解除。

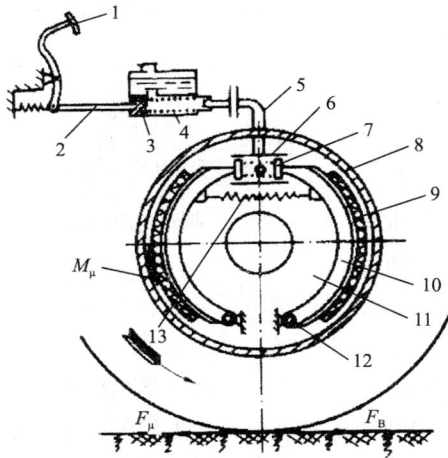

图 2-44 制动系统的组成及工作原理

1—制动踏板；2—主缸推杆；3—主缸活塞；4—制动主缸；5—油管；6—制动轮缸；7—轮缸活塞；8—制动鼓；
9—摩擦片；10—制动蹄；11—制动底板；12—支承销；13—制动蹄复位弹簧

二、制动性能评价指标

汽车制动性能主要从汽车的制动效能、制动效能恒定性、制动方向稳定性三个方面评价。

1. 汽车的制动效能

制动效能是指在良好的路面上，汽车以规定的初始车速以规定的踏板力制动到停车的制动距离或制动时汽车的减速度，它是评价汽车性能的主要指标。主要是由制动力、制动距离、制动减速度和制动协调时间来评价的。

（1）制动力。汽车在制动过程中人为地使汽车受到一个与其行驶方向相反的外力，汽车在受一外力作用下迅速降低车速至停车，这个外力称为汽车的制动力。制动力是汽车制动时通过车轮制动器的作用，地面提供的对车轮的切向阻力。

制动力是评价汽车制动性能的最本质的因素。制动力的增加取决于制动器制动力、地面附着力的限制。为使汽车具有良好的制动稳定性，左右车轮的制动力必须满足平衡要求，即同时测得的同一轴上左右车轮的制动力差值在规定的范围内。

（2）制动距离。制动距离是指机动车在规定的初速度下急踩制动踏板时，从脚接触制动踏板（或手触驻车制动）时起，至机动车停住时止，机动车驶过的距离。制动距离是评价汽车制动性能最直观的参数，但通过道路试验检测汽车的制动距离时，需要较大的试验场地，检测中对轮胎的磨损较大。制动距离是整车制动性能的综合参数，不能反映出各个车轮的制动性能及制动力的分配情况。因为汽车制动距离取决于制动力的大小和制动器起作用时间的长短，因此，也可以采用制动力和制动协调时间评价汽车的制动性能。

（3）制动减速度。制动减速度与地面制动力及车辆总质量有关。对某一具体车辆而言，制动减速度与地面制动力是等效的。因此也常用制动减速度作为评价制动效能的指标。由于瞬时减速度受诸多因素影响，变化规律复杂，无法用某个确定值来表达，因此国家标准中采用平均减速度（Mean Fully Development Deceleration，MFDD）来替代，即以充分发出的平均减速度作为评价指标。充分发出的平均减速度越大，制动性能越好。

充分发出的平均减速度为

$$MFDD = \frac{(v_b^2 - v_e^2)}{25.92(S_e - S_b)}$$

式中　v_b——$0.8v_0$ 试验车速，km/h（v_0——试验车制动初速度，km/h）；

　　　v_e——$0.1v_0$ 试验车速，km/h；

　　　S_e——试验车速从 v_0 到 v_e 的行驶距离，m；

　　　S_b——试验车速从 v_0 到 v_b 的行驶距离，m。

（4）制动协调时间。制动协调时间是指在急踩制动踏板时，从脚接触制动踏板时起，至机动车减速度（或制动力）达到规定的机动车充分发出的平均减速度（或制动力）的 75% 时所需的时间。制动协调时间是制动性能检测中的一个重要参数，制动协调时间越短，车辆的制动响应越迅速。

2. 汽车的制动效能恒定性

汽车在行驶过程中，在高速行驶或长下坡行驶时连续制动，汽车的制动能力显著下降。而汽车驶过涉水路面时，汽车的制动能力有时也会显著下降。主要由汽车制动抗热衰退性和汽车制动抗水衰退性来评价。

（1）汽车制动抗热衰退性。汽车制动抗热衰退性能是指汽车高速制动，短时间内重复制动或下长坡连续制动时制动效能的热稳定性。可以用制动器处于热状态时能否保持冷状态时的制动效能，评价汽车制动抗热衰退性能。

（2）汽车制动抗水衰退性。汽车抗水衰退性能是指汽车涉水后对制动性能的保持能力。汽车通过涉水路面时由于水进入制动器而导致汽车的制动效能下降，这种现象称为水衰退现象。

3. 汽车的制动方向稳定性

汽车在制动过程中维持直线行驶或按预定弯道行驶的能力，称为汽车制动时的方向稳定性。制动方向稳定性可以采用台试检测或路试检测的方法进行。在路试检测过程中，通过事先设置规定宽度的试验通道，让被测车辆行驶通过该通道时制动，并观察汽车的运动情况，车辆在制动过程中任何部位（不计入车宽的部位除外）不允许超出该通道的边缘线。台试检测时，不应出现左右车轮制动力增长速度不一致或制动力不等的现象。

三、制动系统检测标准

GB 7258—2017《机动车运行安全技术条件》对于机动车的制动性能有明确的规定。具体要求如下：

1. 路试检测制动性能

基本要求：机动车行车制动性能和应急制动性能检测应在平坦、硬实、清洁、干燥且轮胎与地面间的附着系数大于或等于 0.7 的混凝土或沥青路面上进行。检测时发动机应与传动系统脱开，但对于采用自动变速器的机动车，其变速器换挡装置应位于驱动挡（D 位）。

（1）行车制动性能检测：

① 用制动距离检测行车制动性能。机动车在规定的初速度下的制动距离和制动稳定性要求应符合表 2-1 的规定。对空载检测的制动距离有质疑时，可用表 2-1 规定的满载检测制动距离要求进行。

表 2-1 制动距离和制动稳定性要求

机动车类型	制动初速度/(km/h)	空载检测制动距离要求 /m	满载检测制动距离要求 /m	试验通道宽度 /m
三轮汽车	20	≤ 5.0		2.5
乘用车	50	≤ 19.0	≤ 20.0	2.5
总质量不大于 3 500 kg 的低速货车	30	≤ 8.0	≤ 9.0	2.5
其他总质量不大于 3 500 kg 的汽车	50	≤ 21.0	≤ 22.0	2.5
铰接客车、铰接式无轨电车、汽车列车	30	≤ 9.5	≤ 10.5	3.0
其他汽车	30	≤ 9.0	≤ 10.0	3.0

制动稳定性要求是指制动过程中机动车的任何部位（不计入车宽的部位除外）不超出规定宽度的试验通道的边缘线。

② 用充分发出的平均减速度检验行车制动性能。汽车、汽车列车在规定的初速度下急踩制动踏板时充分发出的平均减速度及制动稳定性要求应符合表 2-2 的规定，且制动协调时间对液压制动的汽车应小于或等于 0.35 s，对气压制动的汽车应小于或等于 0.60 s，对汽车列车、铰接客车和铰接式无轨电车应小于或等于 0.80 s。对空载检测充分发出的平均减速度有质疑时，

可用表 2-2 规定的满载检测充分发出的平均减速度进行。

表 2-2　制动减速度和制动稳定性要求

机动车类型	制动初速度 /(km/h)	空载检测充分发出的平均减速度 /（m/s²）	满载检测充分发出的平均减速度 /（m/s²）	试验通道宽度 /m
三轮汽车	20	≥ 3.8		2.5
乘用车	50	≥ 6.2	≥ 5.9	2.5
总质量不大于 3 500 kg 的低速货车	30	≥ 5.6	≥ 5.2	2.5
其他总质量不大于 3 500 kg 的汽车	50	≥ 5.8	≥ 5.4	2.5
铰接客车、铰接式无轨电车、汽车列车	30	≥ 5.0	≥ 4.5	3.0
其他汽车	30	≥ 5.4	≥ 5.0	3.0

③ 制动踏板力或制动气压要求。进行制动性能检测时的制动踏板力或制动气压应符合以下要求：

a. 满载检测时气压制动系统气压表的指示气压≤额定工作气压。液压制动系统踏板力：乘用车≤ 500 N；其他机动车≤ 700 N。

b. 空载检测时气压制动系统气压表的指示气压≤ 600 kPa。液压制动系统踏板力：乘用车≤ 400 N；其他机动车≤ 450 N。

④ 合格判定要求。汽车、汽车列车在符合规定的制动踏板力或制动气压下的路试行车制动性能如符合表 2-1 或表 2-2，即为合格。

（2）应急制动性能检测。汽车（三轮汽车除外）在空载和满载状态下，按表 2-3 所列初速度进行应急制动性能检测，应急制动性能应符合表 2-3 的要求。

表 2-3　应急制动性能要求

机动车类型	制动初速度 /(km/h)	制动距离 /m	充分发出的平均减速度 /（m/s²）	允许操纵力应小于或等于 /N	
乘用车	50	≤ 38.0	≥ 2.9	400	500
客车	30	≤ 18.0	≥ 2.5	600	700
其他汽车（三轮汽车除外）	30	≤ 20.0	≥ 2.2	600	700

（3）驻车制动性能检测。在空载状态下，驻车制动装置应能保证机动车在坡度为 20%（对总质量为整备质量的 1.2 倍以下的机动车为 15%）、轮胎与路面间的附着系数大于或等于 0.7 的坡道上正、反两个方向保持固定不动，时间应大于或等于 5 min。检测汽车列车时，应使牵引车和挂车的驻车制动装置均起作用。

在规定的测试状态下，机动车使用驻车制动装置能停在坡度值更大且附着系数符合要求的试验坡道上时，应视为达到了驻车制动性能检验规定的要求。在不具备试验坡道的情况下，在用车可参照相关标准使用符合规定的仪器测试驻车制动性能。

2. 台试检测制动性能

（1）行车制动性能检测：

① 制动力百分比要求。汽车、汽车列车在制动检测台上测出的制动力应符合表 2-4 的要求。

对空载检测制动力有质疑时，可用表 2-4 规定的满载检测制动力要求进行检测。使用转鼓试验台检测时，可通过测得制动减速度值计算得到最大制动力。

表 2-4　台试检测制动力要求

机动车类型	制动力总和与整车重量的百分比		轴制动力与轴荷 [a] 的百分比	
	空载	满载	前轴 [b]	后轴 [b]
三轮汽车	—			≥ 60 [c]
乘用车、其他总质量不大于 3 500 kg 的汽车	≥ 60	≥ 50	≥ 60 [c]	≥ 20 [c]
铰接客车、铰接式无轨电车、汽车列车	≥ 55	≥ 45	—	—
其他汽车	≥ 60	≥ 50	≥ 60 [c]	≥ 50 [d]

注：a. 用平板制动检测台检测乘用车时应按左右轮制动力最大时刻所分别对应的左右轮动态轮荷之和计算。

b. 机动车（单车）纵向中心线中心位置以前的轴为前轴，其他轴为后轴；挂车的所有车轴均按后轴计算；用平板制动试验台测试并装轴制动力时，并装轴可视为一轴。

c. 空载和满载状态下测试均应满足此要求。

d. 满载测试时后轴制动力百分比不做要求；空载用平板制动测验台检测时应大于或等于 35%；总质量大于 3 500 kg 的客车，空载用反力滚筒式制动试验台测试时应大于或等于 40%，用平板制动检测台检测时应大于或等于 30%。

② 制动力平衡要求（两轮、三轮摩托车和轻便摩托车除外）。制动力增长全过程中同时测得的左右轮制动力差的最大值，与全过程中测得的该轴左右轮最大制动力中大者（当后轴及其他轴制动力小于该轴轴荷的 60% 时为与该轴轴荷）之比，对新注册车和在用车应分别符合表 2-5 的要求。

表 2-5　台试检测制动力平衡要求

机动车类型	前轴	后轴（及其他轴）	
		轴制动力大于或等于该轴轴荷 60% 时	轴制动力小于该轴轴荷 60% 时
新注册车	≤ 20%	≤ 24%	≤ 8%
在用车	≤ 24%	≤ 30%	≤ 10%

③ 制动协调时间要求。汽车的制动协调时间，对液压制动的汽车应小于或等于 0.35 s，对气压制动的汽车应小于或等于 0.60 s；汽车列车和铰接客车、铰接式无轨电车的制动协调时间应小于或等于 0.80 s。

④ 车轮阻滞率要求。进行制动力检测时，汽车、汽车列车各车轮的阻滞力均应小于或等于轮荷的 10%。

⑤ 合格判定要求。检测汽车、汽车列车行车制动性能时，检测结果同时满足表 2-4 和表 2-5，方为合格。

（2）驻车制动性能检测。当采用台试检测汽车和正三轮摩托车驻车制动装置的制动力时，机动车空载，乘坐一名驾驶人，使用驻车制动装置，驻车制动力的总和应大于或等于该车在测试状态下整车质量的 20%，但总质量为整备质量 1.2 倍以下的机动车应大于或等于 15%。

（3）检验结果的复核。对机动车台试检验制动性能结果有异议的，在空载状态下进行路试复检。对空载状态复检结果有异议的，以满载路试复检结果为准。

3. 制动性能的其他要求

(1) 制动踏板的自由行程应与该车型的技术要求一致。

(2) 行车制动在产生最大制动效能时的踏板力或手握力应小于或等于 700 N。

(3) 驻车制动应通过纯机械装置把工作部件锁止，并且驾驶人施加于操纵装置上的力：手操纵时，乘用车应小于或等于 400 N，其他机动车应小于或等于 600 N；脚操纵时，乘用车应小于或等于 500 N，其他机动车应小于或等于 700 N。

(4) 驻车制动控制装置的安装位置应适当，操纵装置应有足够的储备行程（开关类操作装置除外），一般应在操纵装置全程的 2/3 以内产生规定的制动效能；驻车制动机构装有自动调节装置时允许在全行程的 3/4 以内达到规定的制动效能。驻车制动使用电子控制装置时，锁止装置应为纯机械装置，发生断电情况锁止装置仍应保持持续有效。棘轮式制动操纵装置应保证在达到规定的驻车制动效能时，操纵杆往复拉动的次数不得超过三次。

(5) 采用弹簧储能制动装置做驻车制动时，应保证在失效状态下能方便地解除驻车状态；如需使用专用工具，应随车配备。

(6) 采用液压制动的机动车，制动管路不应存在渗漏（包括外泄和内泄）现象，在保持踏板力为 700 N（摩托车为 350 N）达到 1 min 时，踏板不得有缓慢向前移动的现象。

(7) 液压行车制动在达到规定的制动效能时，踏板行程应小于或等于踏板全行程的 3/4，制动器装有自动调整间隙装置的机动车踏板行程应小于或等于踏板全行程的 4/5，且乘用车应小于或等于 120 mm，其他机动车应小于或等于 150 mm。踏板全行程是指在无制动液状态下制动踏板从完全释放状态到不能踩动的行程。

(8) 采用气压制动的机动车，在气压升至 600 kPa 且不使用制动的情况下，停止空气压缩机工作 3 min 后，其气压的降低值应小于或等于 10 kPa。在气压为 600 kPa 的情况下，停止空气压缩机工作，将制动踏板踩到底，待气压稳定后观察 3 min，气压降低值对汽车应小于或等于 20 kPa，对汽车列车、铰接客车及铰接式无轨电车、轮式拖拉机运输机组应小于或等于 30 kPa。

(9) 采用气压制动的机动车，发动机在 75% 的额定转速下，4 min（汽车列车为 6 min，铰接客车和铰接式无轨电车为 8 min）内气压表的指示气压应从零开始升至起步气压。起步气压是指车辆制造厂家标明的车辆（起步后）能够满足正常（制动）工作要求的储气筒最小压力。

(10) 采用液压制动的汽车（三轮汽车和装用单缸柴油机的低速货车除外），如液压传动装置任一部件失效，应通过红色报警信号灯警示驾驶人。只要失效继续存在且点火开关处在开（运行）的位置，该信号灯应保持发亮。报警信号灯即使在白天也应很醒目，驾驶人在其座位上应能很容易地观察报警信号灯工作是否正常。报警装置的失效不应导致制动系统完全丧失制动效能。

(11) 采用气压制动的机动车，当制动系统的气压低于起步气压时，报警装置应能连续向驾驶人发出容易听到或看到的报警信号。

(12) 安装具有防抱死制动装置的汽车，当防抱死制动装置失效时，报警装置应能连续向驾驶人发出容易听到或看到的报警信号。

四、单轴反力式滚筒制动试验台

单轴反力式滚筒制动试验台是一种低速静态的检验设备，其结构简图如图2-45所示。它主要由框架、驱动装置、滚筒装置、测量装置、举升装置、指示与控制装置等组成。

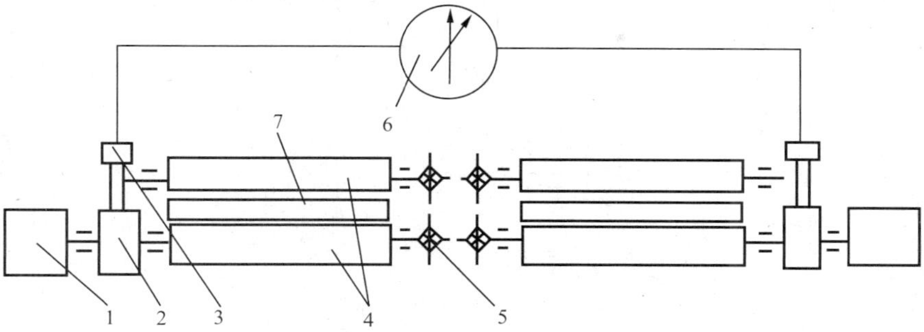

图 2-45　单轴反力式滚筒制动试验台

1—电动机；2—减速器；3—测量装置；4—滚筒装置；5—传动链；6—指示与控制装置；7—举升装置

1. 驱动装置

驱动装置由电动机、减速器和传动链等组成。电动机的转动通过减速器内的蜗轮蜗杆传动，以及一对圆柱齿轮传动，传递给主动滚筒，主动滚筒又通过传动链将动力传递给从动滚筒。减速器与主动滚筒共用一轴，减速器壳体处于浮动状态。车轮制动时，该壳体可以绕轴摆动，将制动力矩传给测力杆。

2. 滚筒装置

滚筒装置由四个滚筒组成，左右各一对滚筒独立设置。滚筒相当于一个活动路面，被测车轮置于两滚筒之间，用来支撑被测车轮，并在制动时承受和传递制动力。

3. 测量装置

测量装置主要由测力杠杆、测力传感器和测力弹簧等组成。测力杠杆一端与测力传感器连接；另一端与减速器壳体连接。装在测力杠杆前端的测力传感器有自整角电动机式、电位移器式、差动变压器式和电阻应变片式等多种类型。测力传感器能把测力杠杆的位移或力转换成反映制动力大小的电信号，送入指示与控制装置。

4. 举升装置

为了便于汽车出入试验台，在两滚筒之间设有举升装置，举升装置一般由举升器、举升平板和控制开关等组成，举升器有气压式、液压式和电动式等。

5. 指示与控制装置

指示装置有电子式与计算机控制式两种。电子式指示装置通常配以指针式仪表，计算机控制式指示装置多配以数字式显示器。控制装置有手动式和自动式两种。

进行车辆制动力检测时，将被检车辆的左右轮置于每对滚筒之间，电动机经减速器和传动链，通过主、从动滚筒，带动车轮旋转。踩下车辆制动踏板，车轮给滚筒一个与其转动方向相反的力，产生摩擦作用力矩，该力矩大小与滚筒对车轮的制动力矩相等，并驱动浮动的减速器壳体偏转，迫使连接在减速器壳体上的测力杠杆产生位移，并由指示装置显示。

五、平板式制动试验台

平板式制动试验台是一种低速动态检测设备，主要由四块可以活动的平板、传感器和信号处理设备组成，每块平板的长度都大于一个车轮的直径，如图 2-46 所示。平板式制动试验台检测的是各轮制动力，检测制动过程与路试时的制动过程较接近。

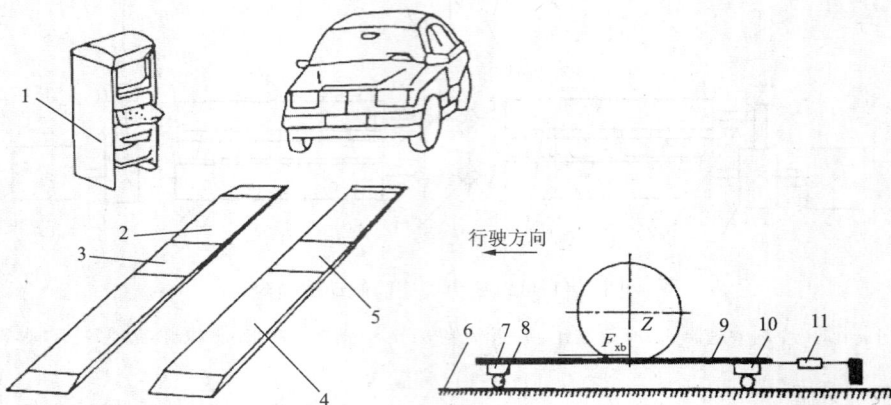

图 2-46　平板式制动试验台

1—控制柜；2、4—侧滑测试平板；3、5—制动、轴重测试平板；6—底板；
7、10—压力传感器；8—钢球；9—面板；11—拉力传感器

六、第五轮仪

在路试检验制动性能时，通常采用五轮仪或多功能速度仪进行。五轮仪又称"第五轮仪"，分为接触式与非接触式两种类型，其中非接触式的较多，接触式的基本已经淘汰。第五轮仪可检测制动距离、制动速度，制动时间。非接触式第五轮仪的外形如图 2-47 所示，可检测制动距离、速度、MFDD、减速度、油耗、制动时间等。

图 2-47　非接触式第五轮仪的外形

非接触式第五轮仪以计算机为核心部件，配以相应的 I/O 接口及外设，不需要路面接触或设置任何测量标志。车辆行驶时，非接触式第五轮仪光源发出的光垂直照射地面，空间滤

光片传感器接收地面反射来的光信号，并将其转换为电信号发送到主机，进行数据转换与处理，得到速度电压模拟量并输入车辆数据采集及处理系统，由车辆数据采集及处理系统将速度电压模拟量转换为速度电压数字量并予以保存。

任务实施

一、制动系统的基本检查

1. 制动踏板

如图 2-48 所示，反复踩踏制动踏板几次，检查制动踏板是否反应灵敏、有无异常噪声和过度松动现象。直观检查踏板工作时是否存在变形或损伤。

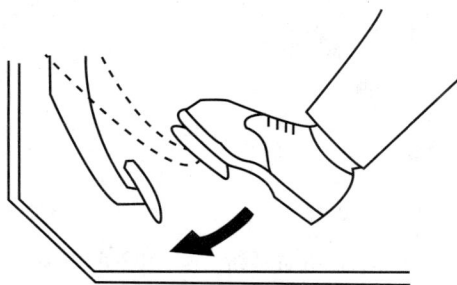

图 2-48　踩踏制动踏板

检查制动踏板的高度。将车辆熄火，多次踩踏制动踏板，直到真空助力器中不存在真空。如图 2-49 所示，用直尺立在驾驶室底板上，其倾斜度以直尺与制动踏板踩下时的弧线相切为准。观察制动踏板上平面在直尺上的对应数值，该数值即为制动踏板的高度。如果超出规定范围，应调整踏板高度。

注意：检查制动踏板的高度，应测量从地面到制动踏板上表面的距离。如果必须要从地毯表面开始测量，则需从标准值中扣除地毯的厚度，或者地毯和沥青纸毡的厚度。

踏板高度

图 2-49　制动踏板的高度

检查制动踏板的自由行程。将车辆熄火，多次踩踏制动踏板，直到真空助力器中不存在真空。如图 2-50 所示，测出制动踏板完全放松时距驾驶室底面的高度，以及压下制动踏板感觉有阻力时的高度。两高度之差，即为制动踏板的自由行程。

　　检查制动踏板的行程余量。起动发动机并使其怠速运转，将制动踏板踩到底后，制动踏板到车厢底板间还有一段距离，这段距离即为制动踏板行程余量，如图 2-51 所示。

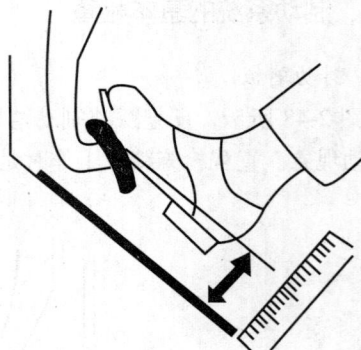

图 2-50　制动踏板的自由行程　　　　　　　图 2-51　制动踏板的行程余量

　　调整制动踏板行程。对于液压制动系统，如图 2-52 所示，松开制动踏板上的锁紧螺母，调整偏心螺钉，调整到位后，拧紧锁紧螺母。也可通过松开制动总泵推杆上的调整螺母，调整制动总泵推杆长度来实现，如图 2-53 所示。

　　气压制动踏板的自由行程是通过改变制动控制阀臂上的自由行程调整螺钉与挺杆之间的间隙来调整的。此间隙增大，制动踏板自由行程增大，反之则减小。

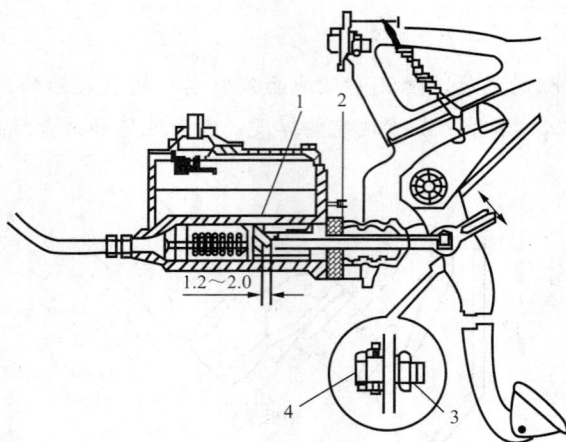

图 2-52　调整偏心螺钉

1—活塞；2—推杆；3—锁紧螺母；4—偏心螺钉

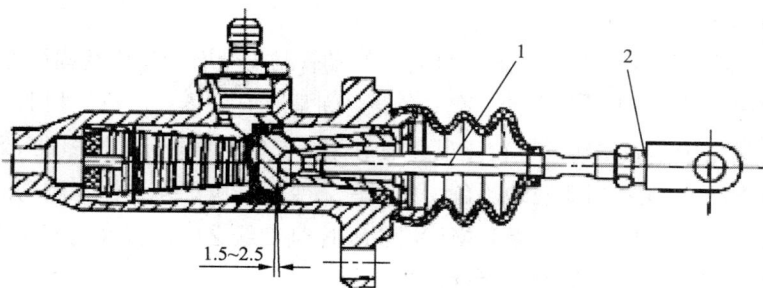

图 2-53 调整制动总泵推杆长度

1—推杆；2—调整螺母

2. 真空助力器

将发动机熄火，首先用力踩几次制动踏板，以消除真空助力器中残余的真空度，此时踏板高度升高；用适当的力踩住制动踏板，并保持在一定位置，然后起动发动机，使真空系统重新建立起真空，此时制动踏板高度应下降。如果检查情况不符合，说明真空助力器损坏。

将 T 形管、真空表、软管及卡紧装置等连接好，如图 2-54 所示。起动发动机，怠速运转 1 min。卡紧与进气歧管相连的真空管上的卡紧装置，切断真空助力器单向阀与进气歧管之间的通路。将发动机熄火，观察真空表的变化。如果在规定时间内真空度下降过多，说明真空助力器膜片或真空阀损坏。

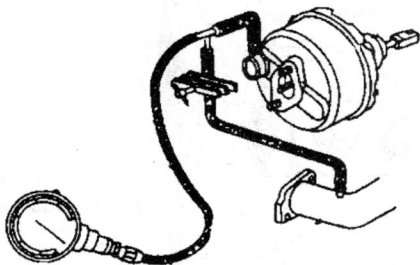

图 2-54 真空检查

拆下与单向阀相连的真空管，将手动真空泵软管与单向阀真空源接口相连，如图 2-55 所示。扳动手动真空泵手柄给单向阀加上 50.80 ～ 67.70 kPa 的真空度，在正常情况下，真空应保持稳定。如果真空泵指示表上显示出真空度下降，则表明单向阀损坏。

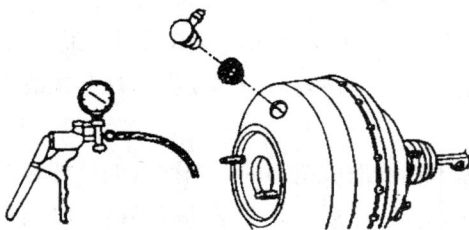

图 2-55 单向阀检查

3. 液压传动装置

检查储液罐是否破损，制动主缸、油管、制动管路支架有无老化及损坏现象；举升车辆，检查制动管路有无漏油现象，检查油管与车身之间是否有摩擦、压痕、扭曲、裂纹等；检查制动管路的安装是否牢固；转动车轮，观察制动管路与车轮内侧有无摩擦或干涉现象。

旋下储液罐盖，观察制动液的颜色。如变色、变质，应更换。检查制动液储液罐的液面是否正常，制动液面应位于储液罐上 MAX 与 MIN 刻度线之间。若液量不足，应对液压系统进行泄漏检查，再补充制动液至规定液位。

检查制动液液面高度警告开关时，应将制动液液面高度警告开关上的导线插头拆下，用木棍将制动液储液罐中的浮子压到罐底，用欧姆表测量制动液液面高度警告灯开关上两个接线片之间的电阻，此时的电阻值应为零。如电阻值不为零，说明制动液液面高度警告开关已经损坏，应该对其进行检修或更换。

4. 驻车制动器

如图 2-56 所示，彻底松开驻车制动器手柄，将变速杆挂入空挡位置，然后将汽车举起离地面一定的高度（不低于 15 cm），转动两后轮，如果迟滞应该将驻车制动间隙放大些。将驻车制动器手柄拉紧，驻车制动器手柄行程在预定的槽数内（拉动时可以听到咔嗒声）。如果不符合标准，应调整驻车制动器手柄的行程。

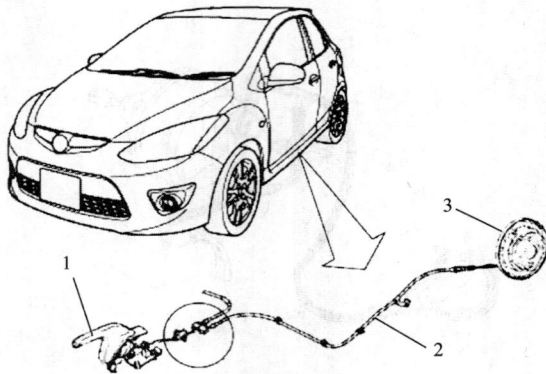

图 2-56　驻车制动器

1—手柄；2—驻车制动拉索；3—驻车制动蹄

打开点火开关，驻车制动器手柄拉起时，驻车制动指示灯亮；释放时，驻车制动指示灯熄灭。否则，应对驻车制动开关进行检查。检查时，拆下驻车制动开关，在驻车制动开关连接器和安装螺栓之间接上欧姆表。若打开驻车制动开关时导通，关闭驻车制动开关时不导通，则驻车制动开关良好，可能是连接线路或驻车制动指示灯存在故障；否则，就是驻车制动开关存在故障。

若驻车制动器手柄行程不在标准值范围内，则拧松调整螺母以松弛驻车制动。如图 2-57 所示，稍稍拧紧调节器，反复放松和复位驻车制动器手柄，以调整制动蹄片间隙。拧紧调整螺母直至驻车制动器手柄行程达到标准值。调整后，检查调整螺母和销子之间是否有间隙、调整螺母是否牢固地贴在螺母座上。

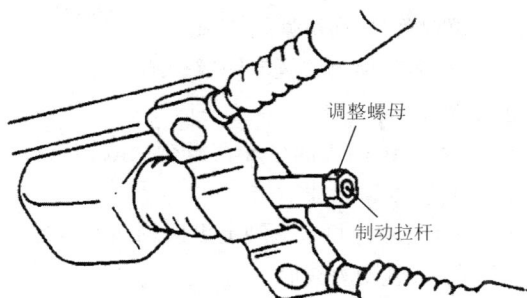

图 2-57　驻车制动器手柄行程的调整

二、利用反力式滚筒制动试验台检测制动性能

1.行车制动性能的检测

（1）清理制动试验台，保证滚筒表面干燥，没有松散物质及油污。将检测仪清零，确认车辆轮胎气压、花纹深度符合要求，胎面清洁。

（2）将踏板测力计正确安装于制动踏板上。汽车空载，乘坐一名驾驶人，将车辆驶上滚筒，位置摆正，变速器置于空挡。

（3）降下举升器，起动电动机 2 s 后，保持一定的采样时间，测取制动阻滞力。

（4）在显示屏提示施加制动踏板力后，驾驶人将制动踏板踩踏到底，然后松开踏板，测得左右两个车轮制动力增加全过程中的制动力差、制动协调时间等参数值，并记录车轮是否抱死。

（5）让电动机停止转动，将举升器升起，移动车辆，更换被测车轴。重复以上过程，依次检测各车轴制动参数。

（6）拆下踏板测力计，车辆驶离测试区，完成检测。

2.驻车制动性能的检测

（1）清理制动试验台，保证滚筒表面干燥，没有松散物质及油污。将检测仪清零，确认车辆轮胎气压、花纹深度符合要求，胎面清洁。

（2）汽车空载，乘坐一名驾驶人，将车辆驶上滚筒，位置摆正，变速器置于空挡。

（3）降下举升器，起动电动机 2 s 后，保持一定的采样时间，拉紧驻车制动器手柄，测取驻车制动力数值。

（4）让电动机停止转动，将举升器升起，车辆驶离测试区，完成检测。

三、利用平板式制动试验台检测制动性能

1.行车制动性能的检测

（1）清理制动试验台，保证制动试验台平板表面干燥，没有松散物质及油污，平板表面附着系数不应小于 0.75。将检测仪清零，确认车辆轮胎气压、花纹深度符合要求，胎面清洁。

（2）将踏板测力计正确安装于制动踏板上。汽车空载，乘坐一名驾驶人，将车辆对正平板制动检验台，以 5～10 km/h 的速度（或制动检验台制造厂家推荐的速度）行驶，变速器置于空挡，紧急制动。系统将给出行车制动测试结果。

（3）拆下踏板测力计，车辆驶离测试区，完成检测。

2. 驻车制动性能的检测

（1）清理制动试验台，保证滚筒表面干燥，没有松散物质及油污。将检测仪清零，确认车辆轮胎气压、花纹深度符合要求，胎面清洁。

（2）汽车空载，乘坐一名驾驶人，将车辆驶上平板制动检验台，位置摆正，变速器置于空挡。拉紧驻车制动器手柄，测取驻车制动力数值。

（3）车辆驶离测试区，完成检测。

四、路试检测制动性能

（1）路试检测制动性能应在平坦（坡度不应大于 1%）、干燥和清洁的硬路面（轮胎与路面之间的附着系数不应小于 0.7）上进行。

（2）在试验路面上画出规定宽度的试验通道的边线，被测车辆沿着试验车道的中线行驶至高于规定的初速度后，变速器置于空挡（自动变速的机动车可将变速器置于 D 位），当滑行到规定的初速度时，急踩制动踏板，使机动车停止。

（3）用制动距离检测行车制动性能时，采用速度计、第五轮仪或用其他测试方法测量车辆的制动距离，对除气压制动外的机动车还应同时测取踏板力（或手操纵力）。

（4）用充分发出的平均减速度检测行车制动性能时，采用能够测取充分发出的平均减速度（MFDD）和制动协调时间的仪器测量车辆充分发出的平均减速度和制动协调时间，对除气压制动外的车辆还应同时测取踏板力（或手操纵力）。

五、检测结果的诊断分析

制动系统检测中经常出现的故障有制动力不足或失效；制动阻滞力超限；左、右制动力不均匀；各车轮制动协调时间过长等。

1. 液压制动系统

（1）制动力不足或失效的原因主要可能是油路故障；制动总泵（主缸）、分泵（轮缸）故障；制动踏板自由行程过大；真空助力装置故障；制动器故障等。

（2）若仅是个别车轮制动力偏小，主要原因可能是车轮制动器有故障；若同一制动回路的两车轮制动力均偏小，则应检查制动管路中有无空气或泄漏。

（3）制动阻滞力超限的原因主要可能是制动踏板无自由行程；若个别车轮阻滞力超限，则主要原因可能是该车轮制动器间隙过小，制动轮缸有故障，制动蹄回位弹簧有故障或轮毂轴承松旷。

（4）左、右制动力不均匀的原因主要可能是某轮缸的进油管进油不畅、进油管接头松动漏油；个别轮缸压力下降；制动系统某个支路或轮缸内有空气未排出；各车轮制动器的制动间隙不一致；各车轮制动器的制动蹄回位弹簧弹力相差过大等。

（5）各车轮制动协调时间过长的原因主要可能是制动踏板自由行程过大；若个别车轮制动协调时间过长，则可能是该车轮制动器间隙过大；若同一制动回路两车轮制动协调时间都过长，则可能是该制动回路中有空气。

2. 气压制动系统

（1）制动力不足或失效的原因主要可能是空气压缩机故障；储气筒气压过低；制动阀故障；制动踏板传动机构折断；制动管路折断，接头松脱，或管道堵塞、气阻；制动气室故障；车轮制动器故障等。

（2）若个别车轮制动力偏小，主要原因可能是车轮制动器有故障；若同一制动回路的两车轮制动力均偏小，则应检查制动管路泄漏或某一制动气室存在故障。

（3）制动阻滞力超限的原因主要可能是制动踏板无自由行程或制动控制阀有故障；若个别车轮阻滞力超限，则原因可能是该车轮制动器间隙过小，制动蹄回位弹簧有故障或轮毂轴承松旷。

（4）左、右制动力不均匀的原因主要可能是左右车轮制动器产生的制动力不等；左右车轮轮胎的花纹、气压不一致等。

（5）各车轮制动协调时间过长的原因主要可能是制动踏板自由行程过大；若个别车轮制动协调时间过长，则可能是该车轮制动器间隙过大。

🚗 任务评价

一、工作成果评价

严格按照技术标准规范、对各小组制动系统的检测与诊断程序、行为规范、操作水平、检测精度等进行评价。

制动系统的检测与诊断工作成果评价表

学习目标	评价指标	评价标准	小组评价	教师评价
准备检测	操作程序	正确		
	操作行为	规范		
	操作水平	熟练		
实施检测	操作程序	正确		
	操作行为	规范		
	操作水平	熟练		
	检测精度	达到要求		

二、学习成果评价

按照职业教育技术类技能型人才培养要求，主要评价学生汽车制动系统的检测与诊断知识、能力及技术人员职业特质形成的情况。

制动系统检测与诊断学习成果评价表

	学习目标	评价标准	小组评价	教师评价
知识	制动系统的检测与诊断的意义	理解		
	台试检验与路试检验的优点与不足	了解		
	制动系统的组成及工作原理	理解		
	制动性能评价指标	理解并简述		
	制动性能检测标准	理解		
	反力式滚筒制动试验台工作原理	理解并简述		
	平板式制动试验台工作原理	理解并简述		
	第五轮仪工作原理	理解并简述		
通用能力	协调能力	了解、运用协调方法		
	沟通能力	了解、运用沟通方法		
	配合能力	了解、运用配合方法		
	方法能力	具有革新意识		
专业能力	制动系统的基本检查	达到职业资格要求的能力水平		
	利用反力式滚筒制动试验台检测制动性能	达到职业资格要求的能力水平		
	利用平板式制动试验台检测制动性能	达到职业资格要求的能力水平		
	路试检验制动性能	达到职业资格要求的能力水平		
	检测结果的诊断分析	达到职业资格要求的能力水平		
特质	价值追求	追求标准、规范、精度的职业活动价值		
	思维特点	过程导向思维的认识、建立与习惯养成		
	职业态度	严谨认真、一丝不苟、精益求精的态度		

教师、同学建议：

评价汇总：
A 优秀
B 良好
C 基本掌握

努力方向：

🔍 思考与练习

1. 台试检测与路试检测各有何优点与不足？
2. 制动性能评价指标主要有哪些？如何根据这些指标评价制动性能？
3. 利用反力式滚筒制动试验台检测车辆的制动性能。
4. 利用路试法检测车辆的制动性能。

项目三

整车及电控系统的检测与诊断

　　整车检测是汽车检测的重要内容，其中与整车使用性能有关的项目主要有前照灯的检测，汽车车速表的检测、发动机噪声的检测等。此外，随着电子技术在汽车上的应用日趋完善，汽车电子控制技术已广泛应用于汽车发动机、底盘、车身控制及故障诊断等方面。电控系统的使用，使得汽车的性能日益完善的同时，对汽车的检测与故障诊断技术的要求也不断提高。

项目目标

通过本项目的学习，使学生了解整车及电控系统检测与诊断项目的主要内容：

- 会使用相关的检测仪器和设备；
- 掌握整车及电控系统检测主要项目的检测与诊断方法；
- 能够正确诊断分析相关的检测数据。

任务一　前照灯的检测与诊断

前照灯是汽车在夜间或在能见度较低的条件下，为驾驶人提供行车道路照明的重要设备，而且也是驾驶人发出警示，进行联络的灯光信号装置，所以前照灯必须有足够的发光强度和正确的照射方向。

任务目标

了解前照灯检测与诊断的有关概念及意义；

了解前照灯的检测标准；

理解前照灯检测仪的检测原理；

了解前照灯检测仪的结构；

掌握利用屏幕法检测前照灯光束照射位置的方法；

掌握利用前照灯检测仪检测前照灯发光强度和光束照射位置的方法；

能够根据检测结果对前照灯的技术状况进行基本分析和判断。

任务描述

汽车前照灯检测是汽车安全性能检测的重要项目。在行车过程中，汽车受到振动，可能引起前照灯部件的安装位置发生变动，从而改变光束的正确照射方向，同时灯泡在使用过程中会逐步老化，反射镜也会受到污染而使其聚光的性能变差，导致前照灯的亮度不足。上述这些变化，都会使驾驶人对前方道路情况辨认不清，或在与对面来车交会时造成对方驾驶人眩目等，从而导致事故发生。因此，应定期对前照灯发光强度和光束的照射位置进行检测和诊断。

任务分析

前照灯技术状况的主要诊断参数是前照灯发光强度和光束的照射位置。前照灯发光强度和光束的照射位置可以利用前照灯检测仪进行检测，也可以利用屏幕法检测前照灯光束的照射位置。

相关知识

一、检测标准

1. 远光光束发光强度要求

根据 GB 7258—2017《机动车运行安全技术条件》，机动车每只前照灯的远光光束发光强度应达到表 3-1 的要求。测试时，电源系统应处于充电状态。

表 3-1　前照灯远光光束发光强度最小值要求　　　　单位：坎德拉（cd）[a]

机动车类型	检查项目					
	新注册车			在用车		
	一灯制	二灯制	四灯制[b]	一灯制	二灯制	四灯制[b]
三轮汽车	8 000	6 000	—	6 000	5 000	—
最大设计车速小于 70 km/h 的汽车	—	10 000	8 000	—	8 000	6 000
其他汽车	—	18 000	15 000	—	15 000	12 000

注：a. 坎德拉是发光强度的单位，简称"坎"，用符号 cd 表示。发光强度表示光源在一定方向范围内发出的可见光辐射强弱的物理量。

b. 四灯制是指前照灯具有四个远光光束；采用四灯制的机动车其中两只对称的灯达到两灯制的要求时视为合格。

2. 光束照射位置要求

检测前照灯近光光束照射位置时，前照灯照射在距离 10 m 的屏幕上，乘用车前照灯近光光束明暗截止线转角或中点的高度应为 $0.7\,H \sim 0.9\,H$（H 为前照灯基准中心高度，下同），其他机动车（拖拉机运输机组除外）应为 $0.6\,H \sim 0.8\,H$。机动车（装有一只前照灯的机动车除外）前照灯近光光束水平方向位置向左偏应小于或等于 170 mm，向右偏应小于或等于 350 mm。

检测前照灯远光照射位置时，对于能单独调整远光光束的前照灯，前照灯照射在距离 10 m 的屏幕上时，要求在屏幕光束中心离地高度，对乘用车为 $0.85\,H \sim 0.95\,H$（但不得低于前照灯近光光束明暗截止线转角或中点的高度），对其他机动车为 $0.8\,H \sim 0.95\,H$；机动车（装有一只前照灯的机动车除外）前照灯远光光束水平位置要求，左灯向左偏应小于或等于 170 mm，向右偏应小于或等于 350 mm，右灯向左或向右偏均应小于或等于 350 mm。

二、前照灯检测仪的检测原理

前照灯检测仪一般是采用具有把吸收的光能变成电流的光电池元件，按照前照灯主光轴照射光电池产生电流的比例，来测量前照灯的发光强度和光轴偏斜量的。

1. 前照灯发光强度的检测

如图 3-1 所示，把光电池与光度计连接起来，以适当距离使前照灯照射光电池后，光电池把吸收的光能转变成电流，此电流的大小与光的强度大小成正比，便可在光度计上指示出前照灯的发光强度。可调电阻主要是用来使光度计的指针回零。

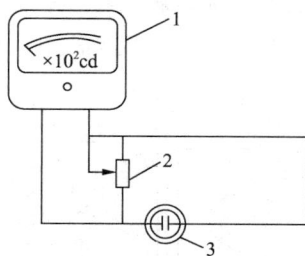

图 3-1　发光强度的检测原理图

1—光度计；2—可调电阻；3—光电池

2. 光轴偏斜量的检测

测量前照灯光轴偏斜量的电路如图 3-2 所示，该电路由 $S_左$、$S_右$，$S_上$、$S_下$两对光电池组成，两对光电池之间分别接有左右及上下偏斜指示计，用于检测光束中心的左右及上下偏斜量。当光电池受到前照灯光束照射时，如果光束照射方向偏斜，将分别使光电池的左右及上下两块光电池的受光面积不一致，因而每对光电池产生的电流大小也不一致，即 $S_左$、$S_右$，$S_上$、$S_下$之间的电流大小不同，形成电流差。此电流差使指示计 1、3 的指针摆动，从而检测出光轴的偏斜方向和偏斜量。

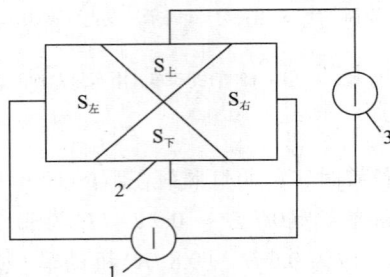

图 3-2 测量前照灯光轴偏斜量的电路

1—左右偏斜指示计；2—光电池；3—上下偏斜指示计

图 3-3 所示为光轴无偏斜时的情况，这时上下偏斜指示计和左右偏斜指示计的指针均垂直向下，即处于零位。图 3-4 所示为光轴有偏斜时的情况，这时上下偏斜指示计的指针向"下"方向偏斜，左右偏斜指示计的指针向"左"方向偏斜。通过调节机构，调整光线照射光电池的位置，使 $S_左$和$S_右$、$S_上$和$S_下$每对光电池受到光照度相同，此时每对光电池输出的电流相等，两偏斜指示计的指针均指向零位，其调节量反映了光束中心的偏移量。当偏斜指示计指针处于零位时，光电池受到的光照最强，四块光电池输出的电流之和，表明了前照灯的发光强度。

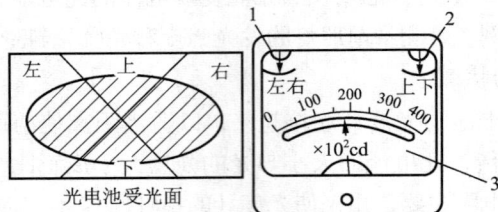

图 3-3 光轴无偏斜时的情况

1—左右偏斜指示计；2—上下偏斜指示计；3—光度计

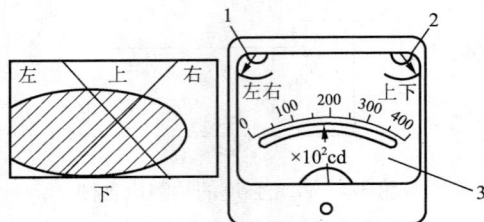

图 3-4 光轴有偏斜时的情况

1—左右偏斜指示计；2—上下偏斜指示计；3—光度计

三、前照灯检测仪的结构

目前，用于汽车前照灯检测的检测仪主要有聚光式、屏幕式、投影式和自动追踪光轴式四种类型，每种形式的检测仪虽然结构和测量方法都不同，但均由接受前照灯光束的受光器、使受光器与前照灯对正的照准装置、汽车摆正找准装置、指示发光强度的指示装置、指示光轴偏斜方向和偏斜量的指示装置及支柱、底板、导轨等组成。

1. 聚光式前照灯检测仪

聚光式前照灯检测仪是用受光器的聚光镜把前照灯的散射光束聚合起来，根据光束对光电池的照射强度来检测。聚光式前照灯检测仪的构造如图 3-5 所示。检测时，检测仪放在前照灯前方 1 m 处。

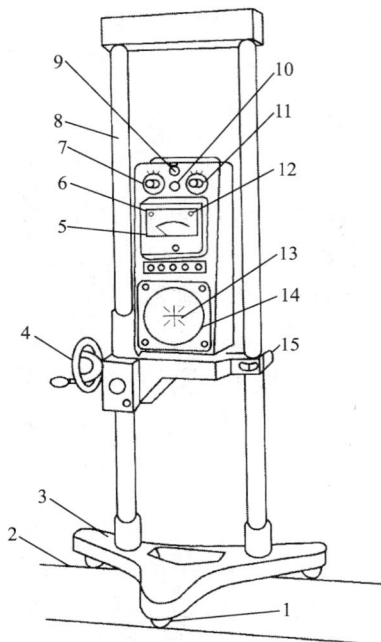

图 3-5　聚光式前照灯检测仪的构造

1—滚轮；2—导轨；3—底座；4—升降平台；5—光度计；6—左右偏斜指示计；7—光轴刻度盘（左右）；

8—支柱；9—汽车摆正找准器；10—光度／光轴变换开关；11—光轴刻度盘（上下）；

12—上下偏斜指示计；13—前照灯找准器；14—聚光透镜；15—角度调整螺钉

2. 屏幕式前照灯检测仪

屏幕式前照灯检测仪是把前照灯的光束照射到屏幕上来检测前照灯发光强度和光轴偏斜量的。屏幕式前照灯检测仪的构造如图 3-6 所示。在固定的屏幕上装有可以左右移动的活动屏幕，在活动屏幕上装有能上下移动的、内部带有光电池的受光器。检测时，检测仪放在前照灯前方 3 m 处，移动活动屏幕和受光器，根据光度计指示值为最大值时的位置找到主光轴的投射位置，然后由固定屏幕和活动屏幕上的光轴刻度读取光轴偏斜量，同时从光度计的指示中读取发光强度值。

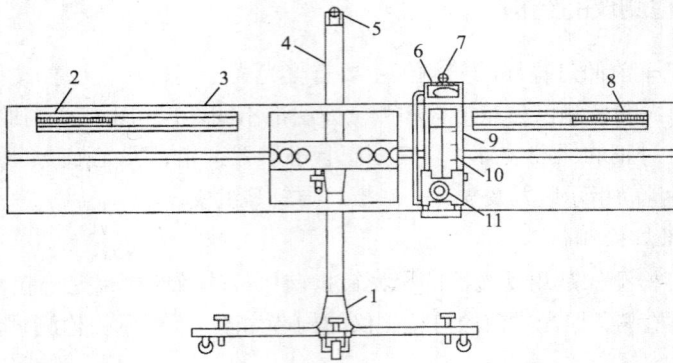

图 3-6 屏幕式前照灯检测仪的构造

1—底座；2、8—光轴刻度尺（左右）；3—固定屏幕；4—汽车摆正找准器；5—车辆摆正找准器；

6—光度计；7—对正前照灯找准器；9—活动屏幕；10—光轴刻度尺（上下）；11—受光器

3. 投影式前照灯检测仪

投影式前照灯检测仪是将前照灯光束的影像映射到投影屏上来检测发光强度和光轴偏斜量的。投影式前照灯检测仪的构造如图 3-7 所示。在聚光透镜的上下和左右装有四个光电池。前照灯光束的影像通过聚光透镜、光度计的光电池和反射镜后，映射到投影屏上，如图 3-8 所示。检测时，检测仪放在前照灯前方 3 m 处，通过上下、左右移动受光器，使光轴偏斜指示针指示为零，即上与下、左与右光电池的受光量相等，从而找到被测前照灯的主光轴方向，然后根据投影屏上前照灯光束影像的位置，即可得出主光轴的偏斜量，同时可从光度计的指示中读取发光强度。

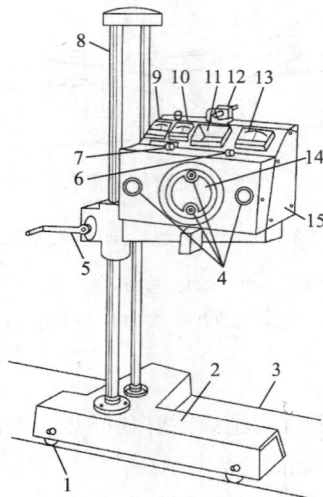

图 3-7 投影式前照灯检测仪的构造

1—滚轮；2—底座；3—导轨；4—光电池；5—手柄；6—光轴刻度盘（上下）；

7—光轴刻度盘（左右）；8—支柱；9—左右偏斜指示针；10—上下偏斜指示针；

11—投影屏；12—车辆摆正找准器；13—光度计；14—聚光透镜；15—受光器

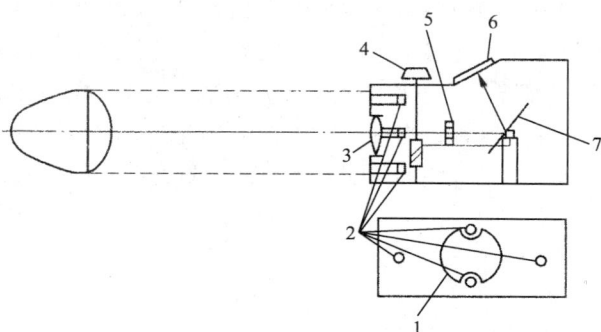

图 3-8　光束影像的映射

1、3—聚光透镜；2—光电池；4—光轴刻度盘；5—光度计光电池；6—投影屏；7—反射镜

4. 自动追踪光轴式前照灯检测仪

自动追踪光轴式前照灯检测仪采用受光器自动追踪光轴的方法检测前照灯发光强度和光轴偏斜量，其构造如图 3-9 所示。

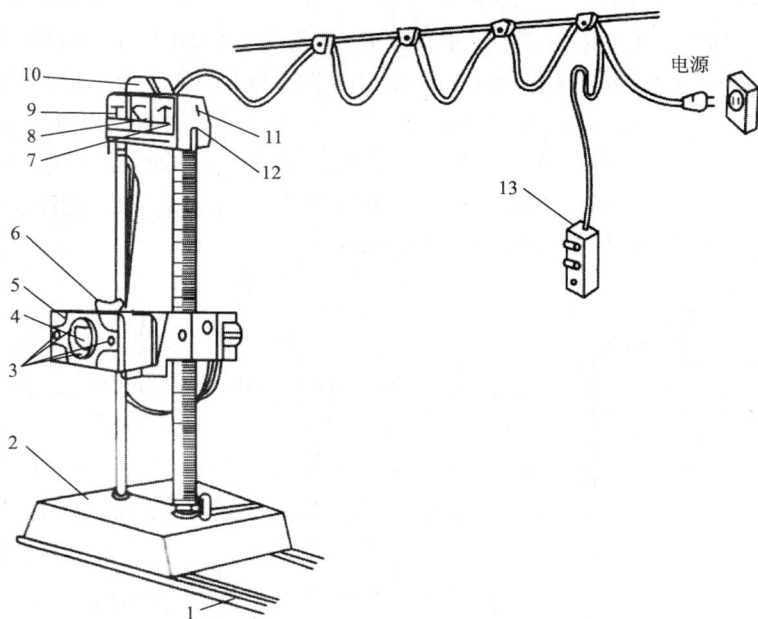

图 3-9　自动追踪光轴式前照灯检测仪的构造

1—导轨；2—控制箱；3—光电池；4—聚光透镜；5—受光器；6—车辆摆正找准器；7—上下偏斜指示计；

8—光度计；9—左右偏斜指示计；10—在用显示器；11—电源开关；12—熔丝；13—控制盒

受光器的聚光透镜表面共装有上下和左右四个光电池，其内部也分别装有四个光电池，内外形成主、副受光器。检测仪台架和受光器的移动由电动机驱动，当光电池由于受光不均而产生电流差值时，此电流差既用来使指示计偏转，也用来控制电动机转动。

当前照灯的光束照射到检测仪的受光器上时，如果前照灯的光束偏斜，则光电池的受光量不等，产生的电流差值控制受光器上下移动的电动机运转，或使控制箱左右移动的电动机运转，并通过传动机构牵动受光器上下移动或驱动控制箱在轨道上左右移动，直至受光器上下、左右光电池受光量相等为止，这称为自动追踪光轴。在自动追踪光轴时，受光器的位移方向和位移量由光轴偏斜指示计指示，此即前照灯光束的偏斜方向和偏斜量，而发光强度则由光度计上的指针直接读出。

任务实施

一、利用屏幕法检测

用屏幕法检测前照灯光束照射位置时，检查用场地应平整，屏幕与场地应平直，被检测的车辆应在空载、轮胎气压正常、乘坐一名驾驶人的条件下进行。将车辆停置于屏幕前，并与屏幕垂直，使前照灯基准中心距屏幕 10 m，在屏幕上确定与前照灯基准中心离地面距离 H 等高的水平基准线及以车辆纵向中心平面在屏幕上的投影线为基准确定的左右前照灯基准中心位置线。分别测量左右远近光束的水平或垂直照射方位的偏移值。

如图 3-10 所示，在距前照灯 10 m 处设有一专用屏幕，按前述规定的检验条件，在屏幕上画有三条垂直线和三条水平线，中间垂直线 V—V 与被检车辆的纵向中心线对正。两侧的垂直线 $V_左$—$V_左$ 和 $V_右$—$V_右$ 分别为被检车辆的左右前照灯的中心线；水平线 h—h 与被检车辆的前照灯的中心等高，距地面高度为 H（mm）；其下一条水平线的高度为 H_1，与被检车辆的前照灯远光光束中心的上限值（0.9 H）等高，最下面一条水平线的高度为 H_2，与被检车辆的前照灯近光光束中心的上限值（0.8 H）等高。标准规定远近光光束中心高度的偏差范围分别为 0.05 H 与 0.2 H，即其下限值分别为 0.85 H 和 0.6 H。

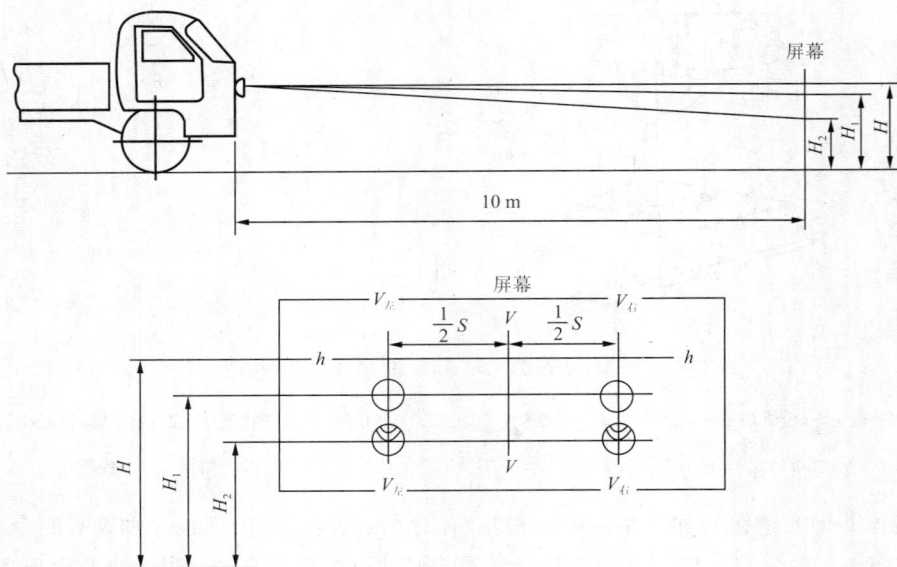

图 3-10　用屏幕检测前照灯的光束照射位置

检测时，先遮住一边的前照灯，然后打开前照灯的近光开关，未遮盖的前照灯的近光明暗截止线转角或光束中心应落在由高度为 H_2、$H_2-0.2H$ 的两条水平线及距汽车纵向中心线为 $\dfrac{S}{2}+100$、$\dfrac{S}{2}-100$（mm）两条垂线所围的矩形面积内，否则表明近光光束照射位置偏斜不合格。

对于远光单光束前照灯，则要检测远光光束的照射位置，检测方法与前相同，但其光束中心应落在由高度为 H_1、$H_1-0.05H$ 的两条水平线及距汽车纵向中心线为 $\dfrac{S}{2}+170$、$\dfrac{S}{2}-170$(mm) 两条垂线所围的矩形面积内，方为合格。

注意：用屏幕法检测前照灯，其方法简单易行，但它只能检测出光束的偏斜方向和偏斜量，不能检测发光强度，而且为适应不同车型，还需经常更换屏幕，检测效率较低。

二、利用前照灯检测仪检测

前照灯的检测参数为发光强度和光轴的偏斜量（光束照射位置），其检测的具体步骤如下：

1. 检测仪的准备

（1）在不受光的状态下，检查光度计和光轴偏斜指示计的指针是否能对准机械零点。若指针没有指零，则用调整螺钉进行调整。

（2）检查聚光透镜和反射镜的镜面上有无污物或模糊不清的地方。如果有，则用柔软的布料或镜头纸擦拭干净。

（3）检查水准器的技术状况。若水准器无气泡，应进行修理或更换。若气泡不在红线框内时，可用水准器调节器或垫片进行调整。

（4）检查导轨是否沾有泥土等杂物。若有，应清除干净。

2. 车辆的准备

（1）用柔软的布料清除汽车前照灯上的油污。

（2）检查轮胎气压，应符合汽车制造厂的规定。

（3）检查汽车蓄电池电压，应处于充足电量的状态。

3. 检测步骤

（1）将被检汽车尽可能地与前照灯检测仪的轨道保持垂直方向驶近检测仪，使前照灯与检测仪受光器之间达到规定的检测距离。

（2）将车体摆正，用汽车摆正找准器使检测仪与被检汽车对正。

（3）开亮前照灯（远光），接通检测仪电源，用控制器上的上下、左右控制开关移动检测仪的位置，使前照灯光束照射到受光器上。

（4）提高发动机转速，使电源系统处于充电状态。

（5）检测光轴偏斜量和发光强度。由于前照灯检测仪的类型各不相同，其检测的具体方法也不尽相同。下面分别予以介绍：

① 对于聚光式前照灯检测仪，可将光度/光轴转换开关旋至光轴一侧，然后转动上下光轴刻度盘和左右刻度盘，使上下偏斜指示计和左右偏斜指示计指示为零。此时上下光轴刻度盘和左右刻度盘的指示值即为光轴偏斜量，如图 3-11 所示。将光度/光轴转换开关旋至光度一侧，光度计的指示值即为发光强度值。

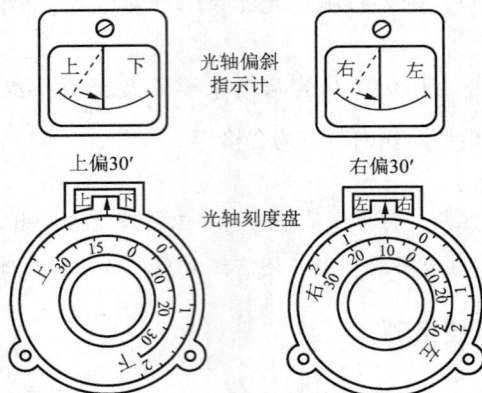

图 3-11　光轴偏斜量的检测

② 对于屏幕式前照灯检测仪，要使固定屏幕上左右光轴刻度尺的零点与活动屏幕上的基准指针对正，并使受光器指针与活动屏幕上的零点对正，如图 3-12 所示。然后左右和上下移动受光器，使光度计的指示值达到最大。此时根据受光器指针所指活动屏幕上的上下分度值和活动屏幕基准指针所指固定屏幕上的左右分度值，即可得出光轴偏斜量；根据光度计上的指示值即可得出发光强度值。

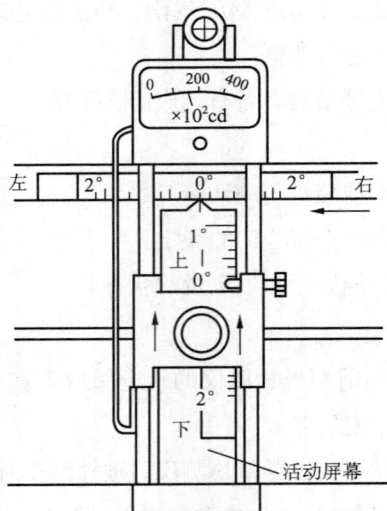

图 3-12　零点的对正

③ 对于投影式前照灯检测仪，有投影屏刻度检测和光轴刻度盘检测两种检测方法。采用投影屏刻度检测法时，要求先使光轴偏斜量指示计的指示为零，然后根据投影屏前照灯摄像中心所在的刻度值读取光轴偏斜量，再根据光度计的指示值读取发光强度值，如图 3-13 所示。

图 3-13　投影屏刻度检测法检测结果的显示

采用光轴刻度检测法时，要求转动光轴刻度盘，使投影屏上的坐标原点与前照灯影像中心重合，读取此时光轴刻度盘上的指示值为光轴偏斜量，再根据光度计上的指示值读取发光强度值，如图 3-14 所示。

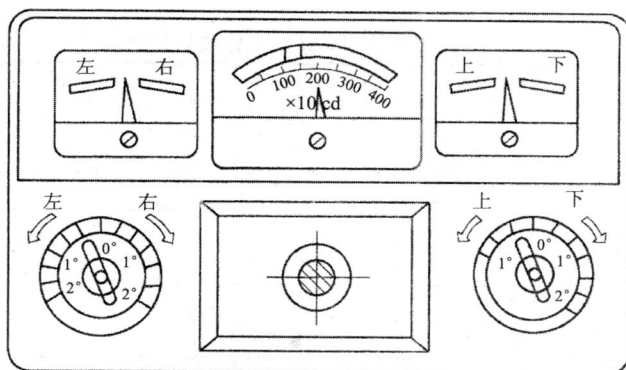

图 3-14　光轴刻度检测法检测结果的显示

④ 对于自动追踪光轴式前照灯检测仪，检测时只要按下检测开关，受光器随即追踪前照灯光轴，根据光轴偏斜指示计和光度计的指示值，即可得出光轴偏斜量和发光强度值。

（6）检测完一只前照灯后用同样的方法检测另一只前照灯。检测结束后，前照灯检测仪沿轨道或沿地面退回护栏内，汽车驶出。

三、检测结果的诊断分析

前照灯检测不合格有两种情况，一是前照灯发光强度偏低，二是前照灯光束照射位置偏斜。

1. 左右前照灯发光强度均偏低

（1）检查前照灯反光镜的光泽是否明亮，如昏暗或镀层剥落、发黑应予更换。

（2）检查灯泡是否老化，质量是否符合要求，如老化或质量不符合要求，光度偏低者应更换。

（3）检查蓄电池端电压是否偏低，如端电压偏低，应先充足电再检测。仅靠蓄电池供电，前照灯发光强度一般很难达到标准的规定，检测时发电机应供电。

2. 左右前照灯发光强度不一致

检查发光强度偏低的前照灯的反射镜光泽是否灰暗，灯泡是否老化，质量是否符合要求，搭铁线路是否接触不良等。

3. 前照灯光束照射位置偏斜

光束照射位置发生偏斜时，一般是由于前照灯的安装位置出现了偏移，应进行紧固、调整。

4. 前照灯的调整

如果检测结果不合规定，应利用前照灯检测仪对其进行调整。调整光束照射位置时，主要以调整近光光束为主，因为如果制造质量合格的灯泡，近光调整合格后，远光光束一般也能合格；如果近光光束调整合格后，远光光束照射方向经检查不合格，则应更换灯泡。

任务评价

一、工作成果评价

严格按照技术标准规范，对各小组前照灯的检测与诊断操作程序、操作行为、操作水平、检测精度等进行评价。

前照灯的检测与诊断工作成果评价表

学习目标	评价指标	评价标准	小组评价	教师评价
准备检测	操作程序	正确		
	操作行为	规范		
	操作水平	熟练		
实施检测	操作程序	正确		
	操作行为	规范		
	操作水平	熟练		
	检测精度	达到要求		

二、学习成果评价

按照职业教育技术类技能型人才培养要求，主要评价学生前照灯的检测与诊断知识、能力及技术人员职业特质形成的情况。

前照灯的检测与诊断学习成果评价表

学习目标		评价标准	小组评价	教师评价
知识	前照灯的检测与诊断的意义	理解		
	前照灯的检测标准	了解		
	前照灯检测仪的检测原理	理解并简述		
	前照灯检测仪的结构	了解		

续表

	学习目标	评价标准	小组评价	教师评价
通用能力	协调能力	了解、运用协调方法		
	沟通能力	了解、运用沟通方法		
	配合能力	了解、运用配合方法		
	方法能力	具有革新意识		
专业能力	利用屏幕法检测前照灯光束照射位置	达到职业资格要求的能力水平		
	利用前照灯检测仪检测前照灯发光强度和光束照射位置	达到职业资格要求的能力水平		
	检测结果的诊断分析	达到职业资格要求的能力水平		
特质	价值追求	追求标准、规范、精度的职业活动价值		
	思维特点	过程导向思维的认识、建立与习惯养成		
	职业态度	严谨认真、一丝不苟、精益求精的态度		

教师、同学建议：

评价汇总：
A 优秀
B 良好
C 基本掌握

努力方向：

思考与练习

1. 简述前照灯检测仪的检测原理。
2. 如何利用屏幕法检测前照灯光束照射位置？
3. 利用一种前照灯检测仪检测前照灯的发光强度和光束照射位置。

任务二　车速表的检测与诊断

汽车行驶速度对行驶安全有很大影响，车速表是驾驶人准确获得汽车实际车速所依靠的重要仪表装置，为此，要求车速表技术状况必须完好。

任务目标

了解车速表检测与诊断的意义；

了解车速表的检测与诊断标准；

理解车速表误差的测量原理；

了解车速表试验台的结构；

掌握车速表的检测方法；

能够根据检测结果对车速表的技术状况进行基本诊断分析。

任务描述

车速表在长期使用过程中，其内部技术状况及车轮滚动半径会出现变化，从而使车速表出现误差。如果车速表的指示误差过大，驾驶人就难以正确控制车速，且极易因判断失误而造成交通事故。为确保车速表的指示精度，必须定期对车速表进行检测、校正。

任务分析

车速表的检测方法有道路检测法和室内试验台检测法两种。道路试验法是汽车以不同车速通过某一预定距离的试验路段，测出通过该路段的时间，然后计算出实际车速，并与车速表指示值相对照，即可得到不同车速下车速表的指示误差。采用滚筒式车速表试验台进行车速表检测时，车轮在滚筒上转动的同时，汽车驾驶室内的车速表也在显示车速值，称为车速表指示值。将试验台指示值与车速表指示值相比较，即可得出车速表的指示误差。

相关知识

一、检测标准

根据 GB 7258—2017《机动车运行安全技术条件》，车速表指示误差（最大设计车速不大于 40 km/h 的机动车除外）规定为：

车速表指示车速 V_1（单位：km/h）与实际车速 V_2（单位：km/h）之间应符合下列关系式：$0 \leqslant V_1-V_2 \leqslant (V_2/10)+4$。

二、车速表误差的测量原理

车速表误差的测量需采用滚筒式车速表试验台进行，将被测汽车车轮置于滚筒上旋转，模拟汽车在道路上的行驶状态。测量时，由被测车轮驱动滚筒旋转或由滚筒驱动车轮旋转，滚筒端部装有速度传感器（测速发电机），测速发电机的转速随滚筒转速的增加而增加，而滚筒的转速与车速成正比，因此测速发电机发出的电压也与车速成正比。

滚筒的线速度、圆周长与转速之间的关系，可用下式表达：

$$V=nL\times60\times10^{-6}$$

式中　V——滚筒的线速度，km/h；

　　　L——滚筒的圆周长，mm；

　　　n——滚筒的转速，r/min。

因车轮的线速度与滚筒的线速度相等，故上述计算值即为汽车的实际车速值，由车速表试验台上的速度指示仪表显示，称为试验台指示值。由此可以得出：

$$车速表指示误差=\frac{车速表指示值-试验台指示值}{试验台指示值}\times100\%$$

三、车速表试验台的结构

车速表试验台主要包括无驱动装置的标准型和有驱动装置的驱动型两种，此外还有把车速表试验台与制动试验台或底盘测功试验台组合在一起的综合型。下面主要对无驱动装置的标准型和有驱动装置的驱动型车速表试验台的结构进行介绍。

1. 标准型车速表试验台

该试验台由速度测量装置、速度指示装置和速度报警装置等组成，如图 3-15 所示。

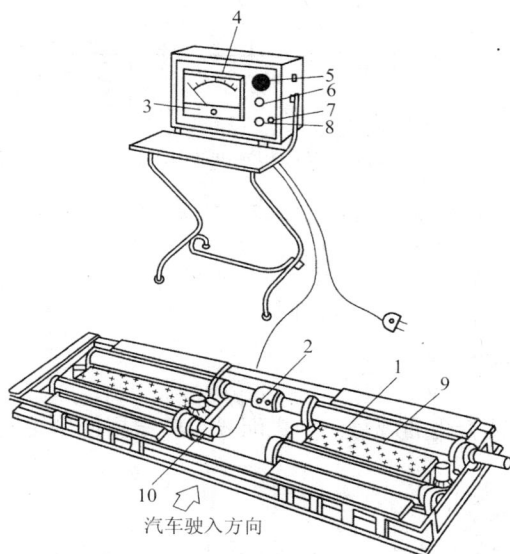

图 3-15　标准型车速表试验台

1—滚筒；2—联轴器；3—零点校正螺钉；4—速度指示仪表；5—蜂鸣器；6—报警灯；

7—电源灯；8—电源开关；9—举升器；10—速度传感器

速度测量装置主要由框架、滚筒装置、速度传感器和举升器等组成。滚筒一般为四个，通过滚筒轴承安装在框架上。在前、后滚筒之间设有举升器，以便汽车进出试验台，举升器与滚筒制动装置联动，举升器升起时，滚筒不会转动。速度传感器一般采用测速发电机式、差动变压器式、磁电式和光电式等多种，安装在滚筒的一端，将对应于滚筒转速发出的电信号送至速度指示装置。

速度指示装置是根据速度传感器发出的电信号大小来工作的。它能把以滚筒圆周长与滚筒转速算出的线速度，以 km/h 为单位在速度指示仪表上显示。速度报警装置是为在测量时，便于判明车速表误差是否在合格范围之内而设置的。

2. 驱动型车速表试验台

汽车车速表的转速信号多数取自变速器或分动器的输出端，但对于后置发动机的汽车，如车速表软轴过长，会出现传动精度和寿命方面的问题，因此转速信号取自前轮。驱动型车速表试验台就是为适应后置发动机汽车的试验而制造的，其结构如图 3-16 所示。这种试验台在滚筒的一端装有电动机，由它来驱动滚筒旋转。此外，这种试验台在滚筒与电动机之间装有离合器，若试验时将离合器分离，又可作为标准型试验台使用。

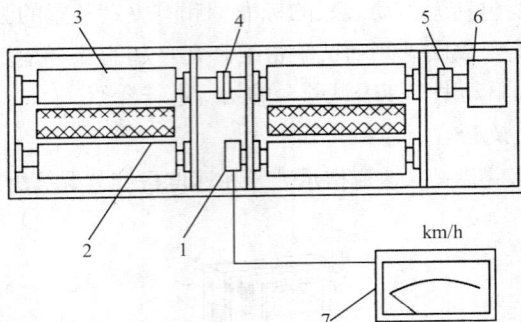

图 3-16　驱动型车速表试验台

1—测速发电机；2—举升器；3—滚筒；4—联轴器；5—离合器；6—电动机；7—速度指示仪表

任务实施

一、车速表的检测方法

车速表的检测方法因试验台的牌号、型式而异，应根据使用说明书进行操作。车速表试验台通用的检测方法如下：

1. 车速表试验台的准备

（1）在滚筒处于静止状态检查指示仪表是否在零点上，否则应调零。

（2）检查滚筒上是否沾有油、水、泥、砂等杂物，应清除干净。

（3）检查举升器的升降动作是否自如。若动作阻滞或有漏气部位，应予以修理。

（4）检查导线的连接接触情况，若有接触不良或断路，应予以修理或更换。

2. 被测车辆的准备

（1）轮胎气压在标准值。

（2）清除轮胎上的水、油、泥和嵌夹石子。

3. 检测步骤

（1）接通试验台电源。

（2）升起滚筒间的举升器。

（3）将被检车辆开上试验台，使输出车速信号的车轮尽可能与滚筒成垂直状态停放在试验台上。

（4）降下滚筒间的举升器，至轮胎与举升器托板完全脱离为止。

（5）用挡块抵住位于试验台滚筒之外的一对车轮，防止汽车在测试时滑出试验台。

（6）使用标准型试验台时，应作如下操作：

①待汽车的驱动轮在滚筒上稳定后，挂入最高挡，松开驻车制动器，踩下加速踏板使驱动轮带动滚筒平稳地加速运转。

②当汽车车速表的指示值达到规定检测车速（40 km/h）时，读出试验台速度指示仪表的指示值；或当试验台速度指示仪表的指示值达到检测车速时，读取车速表的指示值。

（7）使用驱动型试验台时，应作如下操作：

①接合试验台离合器，使滚筒与电动机连在一起。

②将汽车的变速器挂入空挡，松开驻车制动，起动电动机，使电动机驱动滚筒旋转。

③当汽车车速表的指示值达到检测车速时，读取试验台速度指示仪表的指示值；或当试验台速度指示仪表达到检测车速时，读取汽车车速表的指示值。

（8）测试结束后，轻轻踩下汽车制动踏板，使滚筒停止转动。对于驱动型车速表试验台，必须先关断电动机电源，再踩制动踏板。

（9）升起举升器，去掉挡块，汽车驶离试验台。

注意：利用试验台检测前，要检查汽车的轴荷，以保证待检汽车轴荷在试验台允许的范围内；对于前驱车辆，驶上试验台时应在低速情况下操纵转向盘，确保汽车处于直驶状态，然后再加速到检测车速，切忌汽车一上试验台就迅速加速；对于驱动型车速表试验台，在不用驱动装置进行检测时，务必分离离合器，使滚筒与电动机分离。

二、检测结果的诊断分析

车速表经检测出现误差，其主要原因是由于长期使用过程中车速表本身出现了故障、损坏和轮胎磨损。汽车轮胎在使用过程中由于磨损，其半径逐渐减小。在变速器输出轴转速不变的条件下，汽车行驶速度因轮胎半径的变化而变化，因此车速表指示值与实际车速形成误差。为消除车速表机件磨损和轮胎磨损形成的指示误差，应借助于车速表试验台适时地对车速表进行检测。

任务评价

一、工作成果评价

严格按照技术标准规范，对各小组车速表的检测与诊断操作程序、操作行为、操作水平、检测精度等进行评价。

车速表的检测与诊断工作成果评价表

学习目标	评价指标	评价标准	小组评价	教师评价
准备检测	操作程序	正确		
	操作行为	规范		
	操作水平	熟练		
实施检测	操作程序	正确		
	操作行为	规范		
	操作水平	熟练		
	检测精度	达到要求		

二、学习成果评价

按照职业教育技术类技能型人才培养要求，主要评价学生关于车速表的检测与诊断知识、能力及技术人员职业特质形成的情况。

车速表的检测与诊断学习成果评价表

	学习目标	评价标准	小组评价	教师评价
知识	车速表的检测与诊断的意义	理解		
	车速表的检测标准	了解		
	车速表误差的测量原理	理解并简述		
通用能力	协调能力	了解、运用协调方法		
	沟通能力	了解、运用沟通方法		
	配合能力	了解、运用配合方法		
	方法能力	具有革新意识		
专业能力	车速表的检测方法	达到职业资格要求的能力水平		
	检测结果的诊断分析	达到职业资格要求的能力水平		
特质	价值追求	追求标准、规范、精度的职业活动价值		
	思维特点	过程导向思维的认识、建立与习惯养成		
	职业态度	严谨认真、一丝不苟、精益求精的态度		

教师、同学建议：

评价汇总：
A 优秀
B 良好
C 基本掌握

努力方向：

🔍 思考与练习

1. 简述车速表误差的测量原理。
2. 利用车速表试验台检测车速表的误差。

任务三　汽车噪声的检测与诊断

噪声是一种人们听着不舒服的干扰声，其对人体的危害是多方面的，噪声使人听力下降，甚至耳聋。在噪声影响下，也可以诱发一些疾病。噪声作用于人的中枢神经系统，使大脑皮层兴奋和抑制失调，产生头痛、头晕、脑胀、耳鸣、失眠、心慌等症状。噪声还可以影响人的其他系统，如消化系统、内分泌系统等。总之，噪声不仅能引起人体的生理改变和损伤，而且还能产生对心理、生活和工作的不利影响。

任务目标

了解汽车噪声的检测与诊断的意义；

了解噪声的评价指标；

了解声级计的结构与工作原理；

掌握汽车噪声的检测方法。

任务描述

汽车噪声是噪声的一种，随着汽车数量的增长，汽车噪声已成为当今社会特别是一些大城市的主要噪声源，因此控制噪声污染越来越受到人们重视。根据汽车噪声对环境的影响区域的不同，可以分为车外噪声和车内噪声，车外噪声主要影响车外道路两旁的声学环境；车内噪声主要影响车内的声学环境。在汽车检测线上，对汽车噪声的检测内容一般只包括汽车喇叭噪声级的检测。

任务分析

车外噪声是指汽车各部分噪声辐射到车外空间的那部分噪声，其噪声源主要包括发动机噪声、排气噪声、轮胎噪声、制动噪声和传动系统噪声等。

车内噪声是指车厢外的汽车各部分噪声通过各种声学途径传入车内的那部分噪声，以及汽车各部分振动通过各种振动传递路径激发车身板件的结构振动向车厢内辐射的噪声。这些噪声声波在车内空间声学特性的制约下，生成较为复杂的混响声场，从而形成车内噪声。

通过声学途径传入车内的汽车噪声包括发动机噪声、排气噪声、空气动力学噪声、轮胎噪声和传动系统噪声等；通过振动途径激发车身板件振动的汽车激振源包括发动机振动、传动系统振动和路面振动等。汽车噪声是利用声级计进行检测的。

相关知识

一、噪声的评价指标

1. 声压

声压是声学中表示声音强弱的指标。当声音在空气中传播时，引起空气压力的起伏变化，这个压力的变化量称为声压，声音越大，声压也越大。声压的单位与压力的单位相同，即其单位为帕（Pa）。正常人耳刚刚能听到的声压（称为听阈声压）是 2×10^{-5} Pa；刚刚使人耳产生疼痛感觉的声压（称为痛阈声压）是 20 Pa，痛阈声压是听阈声压的 1×10^{6} 倍。

2. 声压级

由于以声压计量数值太大，使用起来不方便，加之人们对声音强弱变化的感觉与声压的相对变化量有关，故实际上采用了对声音进行相对变化比较的无量纲单位"声压级"来作为噪声的测量单位。

声压级是指某点的声压 P 与基准声压 P_0 的比值取常用对数再乘以 20 的值，单位为分贝（dB）。采用声压级之后，就将相差 1×10^{6} 倍的可听声压范围，简化成 0 ~ 120 dB 的声压级变化，它既符合人耳对声音的主观感觉，也便于表示。其公式如下：

$$L_p = 20 \lg \frac{P}{P_0}$$

式中　L_p——声压级，dB；

　　　　P——声压，Pa；

　　　　P_0——基准声压（取 2×10^{-5}，单位为 Pa）。

3. 噪声的频谱

人耳对声音的感觉不仅与声压有关，而且还与声音的频率有关。人耳可闻声音的频率范围为 20 ~ 20 000 Hz。一般的声源，并不是仅发出单一频率的声音，而是发出具有很多频率成分的复杂声音。声音听起来之所以会有很大的差别，就是因为它们的组成成分不同造成的。因此，为全面了解一个声源的特性，仅知道它在某一频率下的声压级是不够的，还必须知道它的各种频率成分和相应的声音强度，这就是频谱分析，因此噪声的频谱也是噪声的评价指标之一。

4. 噪声级

由上可知，用声压级测定的声音强弱与人们的生理感觉往往不一样，即还受噪声频谱的影响。因而，对噪声的评价常采用与人耳生理感觉相适应的指标。

为了模拟人耳在不同频率有不同的灵敏性，在声级计内设有一种能够模拟人耳的听觉特性，把电信号修正为与听觉近似值的网络，这种网络称为计权网络。通过计权网络测得的声压级，已不再是客观物理量的声压级，而是经过听感修正的声压级，称为计权声级或噪声级。

国际电工委员会对声学仪器规定了 A、B、C 等几种国际标准频率计权网络，由于 A 计权网络对噪声低频成分的良衰减程度最多，其特性曲线接近人耳的听感特性，因此目前世界上对噪声的测量和评价普遍采用 A 计权网络，记作 dB(A)。

二、声级计的结构与工作原理

1. 声级计的结构

汽车噪声检测常用的仪器是声级计，它主要由传声器、放大器、衰减器、检波器、指示表头等组成，按测量精度可分为精密声级计和普通声级计，按所用电源不同可分为交流式声级计和直流式声级计两类。由于直流式声级计具有体积小、质量小和现场使用方便等特点，所以一般又称便携式声级计。声级计的外形及结构如图 3-17 所示。

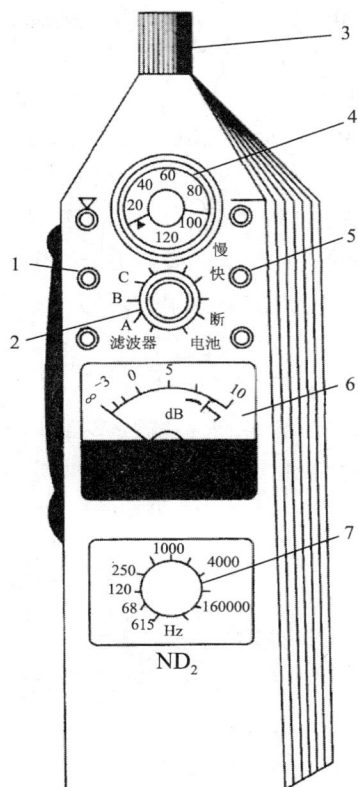

图 3-17　声级计的外形及结构

1—外接滤波器；2—计权网络旋钮；3—电容传声器；4—衰减器；5—放大器输出；
6—指示表头；7—滤波器旋钮

2. 声级计的工作原理

声级计工作时，被测量的声压信号通过传声器转换为电信号，再根据产生的电信号大小通过衰减器或放大器对其进行衰减或者放大，经过处理后的电信号送入计权网络，通过计权网络将电信号修正为与听觉近似的信号，最后经过检波器的检波作用在表头上显示出噪声数值。

任务实施

一、汽车噪声检测前的准备

检测之前应对仪器进行检查与校准，具体步骤如下：

（1）指针调零。接通电源前，先检查仪器指针是否指零，如未指零，则将仪器指针调零。

（2）电池容量检查。按说明书检查电池容量，如不合要求，则应更换电池。

（3）仪器预热。接通电源开关，预热仪器 10 min。

（4）仪器校准。为了保证测量精度，每次使用仪器前或使用一段时间后，必须对声级计的电路和传声器进行校准。声级计上一般都配有校准的"参考"位置，可校验放大器的工作是否正常。如不正常，应调节微调电位器。电路校准后，再利用已知灵敏度的标准传声器对声级计上的传声器进行对比校准。

（5）将声级计的功能开关对准"线性""快"挡。由于一般检测时，具有一定的环境噪声（一般为 40 ~ 60 dB），声级计上应有相应的示值。变换衰减器刻度盘，表头示值应相应变化 10 dB 左右。

（6）检查计权网络。按上述步骤，将"线性"位置依次转换为"C""B""A"。由于室内环境噪声多为低频成分，故经三挡计权网络后的噪声级示值将低于线性值，而且应依次递减。

（7）检查"快""慢"挡。将声级计衰减器刻度盘调到高分贝值处（如 90 dB），通过操作人员发声，来观察"快"挡时的指针能否跟上发音速度，"慢"挡时的指针摆动是否明显迟缓。这是"快""慢"两挡所要求的表头阻尼程度的基本特征。

经过以上检查后，仪器可投入使用。如果不知道被测噪声级多大，必须把衰减器刻度盘预先放在最大衰减位置（即 120 dB），然后在实测中再逐步旋至被测声级所需要的衰减挡。

二、车外噪声的检测

1. 检测条件

（1）测量场地应平坦而空旷，其场地跑道应有 20 m 以上平直、干燥的沥青路面或混凝土路面。路面坡度不超过 0.5%。在测试中心以 25 m 为半径的范围内不应有大的反射物，如建筑物、围墙等。

（2）周围环境的噪声应比所测车辆噪声至少低 10 dB，并保证测量时不被偶然的其他声源所干扰。

（3）被测车辆空载，测量时发动机应处于正常使用温度。车内带有的其他辅助设备如为噪声源，测量时是否开动应按正常情况而定。

2. 测量场地及测点位置

测量场地及测点位置如图 3-18 所示，测试传声器位于 20 m 跑道中心点 O 两侧，各距中线 7.5 m，距地面高度 1.2 m，用三脚架固定，传声器平行于路面，其轴线垂直于车辆行驶方向。

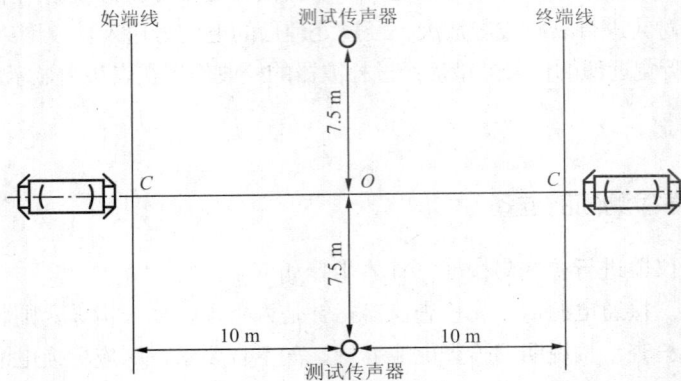

图 3-18　测量场地及测点位置

3. 加速行驶车外噪声的检测

（1）车辆须按规定条件稳定地到达始端线。对于手动挡车辆，4 挡以上的车辆用第 3 挡，4 挡或 4 挡以下的用第 2 挡，车辆到达始端线的速度为相当于发动机额定功率转速 3/4 的速度。如果此时车辆速度超过了 50 km/h，那么车辆应以 50 km/h 的车速稳定地到达始端线。对于自动挡的车辆，使用在试验区间加速最快的挡位以发动机额定功率转速的 3/4 到达始端线。

（2）从车辆前端到达始端线开始，立即将加速踏板踏到底或节气门全开，直线加速行驶，当车辆后端到达终端线时，立即停止加速。

（3）声级计用 "A" 计权网络、"快" 挡进行测量，读取车辆驶过时的声级计表头最大读数。

（4）以同样的测量方法往返进行一次。车辆同侧两次测量结果之差，应不大于 2 dB，并取每侧两次声级平均值中最大值作为检测车的最大噪声级。若只用一只声级计测量，每侧测量两次，然后取四次测量的平均值作为该车的最大噪声级。

4. 匀速行驶车外噪声的检测

（1）车辆用常用挡位，以 50 km/h 的车速匀速通过测量区域。

（2）声级计用 A 计权网络、"快" 挡进行测量，读取车辆驶过时声级计表头的最大读数。

（3）以同样的测量方法往返进行一次。车辆同侧两次测量结果之差，应不大于 2 dB，并取每侧两次声级平均值中最大值作为检测车的最大噪声级。若只用一只声级计测量，每侧测两次，然后取四次测量的平均值作为该车的最大噪声级。

三、车内噪声的检测

1. 检测条件

（1）测量跑道应有足够试验需要的长度，应是平直、干燥的沥青路面或混凝土路面。

（2）测量时风速应不大于 3 m/s。车辆门窗应关闭，车内带有的其他辅助设备如为噪声源，测量时是否开动应按正常情况而定。

（3）周围环境的噪声应比所测车辆噪声至少低 10 dB，并保证测量时不被偶然的其他声源所干扰。

（4）车内除驾驶人和检测人员外，不应有其他人员。

2. 测点位置

（1）车内噪声测量通常在人耳附近布置测点，传声器朝向车辆前进方向。

（2）驾驶室内噪声测点的位置如图 3-19 所示。客车室内噪声测点可选在车厢中部及最后一排座位的中间位置，测量高度为座位上方（750±10）mm。

3. 检测方法

（1）车辆用常用挡位，以 50 km/h 以上的不同速度匀速行驶，分别进行测量。

（2）用声级计 "慢" 挡测量 A、C 计权网络，分别读取声级计表头最大读数的平均值，并记入规定的表格中。

（3）进行车内噪声频谱分析时，应包括中心频率为 31.5 Hz、63 Hz、125 Hz、1 000 Hz、

2 000 Hz、4 000 Hz、8 000 Hz 的倍频带。

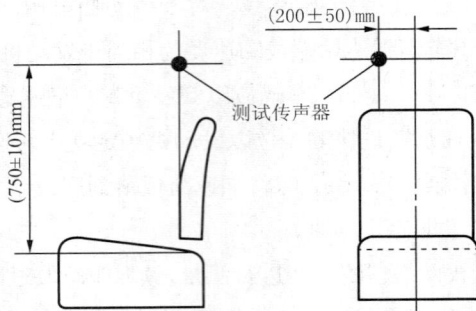

图 3-19　驾驶室内噪声测点的位置

四、驾驶人耳旁噪声的检测

（1）驾驶人耳旁噪声的测点位置如图 3-19 所示，声级计的传声器朝向驾驶人耳朵方向。

（2）测量时，车辆应处于静止状态且变速器置于空挡，发动机处于额定转速状态下，车辆门窗处于关闭状态。声级计用 A 计权网络、"快"挡进行测量。

五、汽车喇叭声的检测

（1）汽车喇叭声的测量点距车前 2 m，离地高 1.2 m，声级计的传声器朝向汽车轴线，如图 3-20 所示。

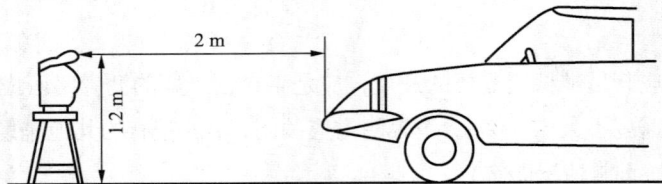

图 3-20　汽车喇叭噪声的测点位置

（2）声级计用 A 计权网络、"快"挡进行测量，按下喇叭开关读取声级计表头的最大读数。测量时，应注意不能被偶然的其他声源峰值所干扰。测量次数宜在两次以上，并注意监听喇叭声是否悦耳。

任务评价

一、工作成果评价

严格按照技术标准规范，对各小组汽车噪声的检测与诊断操作程序、操作行为、操作水平、检测精度等进行评价。

汽车噪声的检测与诊断工作成果评价表

学习目标	评价指标	评价标准	小组评价	教师评价
准备检测	操作程序	正确		
	操作行为	规范		
	操作水平	熟练		
实施检测	操作程序	正确		
	操作行为	规范		
	操作水平	熟练		
	检测精度	达到要求		

二、学习成果评价

按照职业教育技术类技能型人才培养要求，主要评价学生汽车噪声的检测与诊断知识、能力及技术人员职业特质形成的情况。

汽车噪声的检测与诊断学习成果评价表

学习目标		评价标准	小组评价	教师评价
知识	汽车噪声的检测与诊断的意义	理解		
	噪声的评价指标	了解		
	声级计的结构与工作原理	理解并简述		
通用能力	协调能力	了解、运用协调方法		
	沟通能力	了解、运用沟通方法		
	配合能力	了解、运用配合方法		
	方法能力	具有革新意识		
专业能力	汽车噪声检测前的准备	达到职业资格要求的能力水平		
	车外噪声测量方法	达到职业资格要求的能力水平		
	车内噪声的检测	达到职业资格要求的能力水平		
	驾驶人耳旁噪声的检测	达到职业资格要求的能力水平		
	汽车喇叭声的检测	达到职业资格要求的能力水平		
特质	价值追求	追求标准、规范、精度的职业活动价值		
	思维特点	过程导向思维的认识、建立与习惯养成		
	职业态度	严谨认真、一丝不苟、精益求精的态度		

教师、同学建议：

评价汇总：
A 优秀
B 良好
C 基本掌握

努力方向：

1. 简述噪声的评价指标及各指标的物理意义。
2. 如何进行汽车喇叭声检测？

任务四　电控系统的检测与诊断

随着电控技术在汽车上的应用越来越广泛，汽车电控系统也越来越精密和复杂。当汽车运行过程中出现故障时，首先要判断是否与电控系统有关。对于汽车电控系统的故障，需要根据故障现象，在掌握充分的技术资料的基础上，进行必要的逻辑分析，确定合理的检测计划，利用有效的检测工具，完成故障的检测与诊断。

任务目标

了解电控系统的检测与诊断的意义；

了解电控系统故障诊断的基本程序；

理解电控系统故障检测与诊断的基本原则；

了解疑难故障的常见类型；

理解自诊断检测系统的功能及相关标准；

掌握利用故障检测仪检测与诊断电控系统故障的方法；

掌握利用万用表检测与诊断电控系统故障的方法；

掌握利用示波器检测与诊断电控系统故障的方法；

掌握疑难故障的模拟检测方法；

能够对检测结果进行基本分析和判断。

任务描述

对于汽车电控系统的故障，除应进行必要的直观检查之外，主要可以利用专用检测诊断仪进行电控系统的检测与诊断，或是利用万用表、示波器等，对系统中的电阻、电压或各种波动信号进行检测。

任务分析

采用车载自诊断系统或非车载诊断信息系统（如大众的 ODIS 系统）对汽车电控系统进行检测是一种简便、快捷、有效的诊断方法。电控系统的电控单元、传感器和执行器均会有一定的电阻或直流电压信号，利用万用表等简单工具，可以有效地检测上述信号的数值，并根据检测结果分析或判断故障。在汽车电控系统中，还可能存在交流电压信号以及频率调制信号、脉宽调制信号以及汽车总线上的串行通信信号，示波器可以通过测量信号波形的方式捕捉上述信号，在诊断电控系统部件的故障时，表现出强大和多用途的功能。

相关知识

一、电控系统故障诊断的基本程序

为保证迅速、准确地排除电控系统故障，应在掌握电控系统基本原理、熟知电控系统测量参数的前提下，按照合理的步骤，充分利用相关检测仪器和适当的检测方法对电控系统故障进行诊断和检查。不同车型及其电控系统的故障诊断方法不尽相同，但通常可以按照图 3-21 所示的基本程序进行故障诊断。

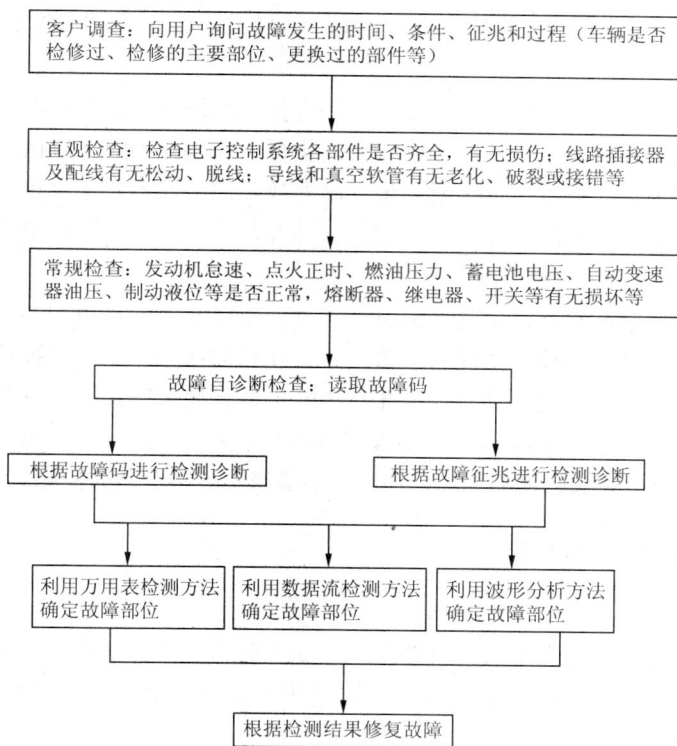

```
┌─────────────────────────────────────────────────────────┐
│ 客户调查：向用户询问故障发生的时间、条件、征兆和过程（车辆是否 │
│ 检修过、检修的主要部位、更换过的部件等）                      │
└─────────────────────────────────────────────────────────┘
                            ↓
┌─────────────────────────────────────────────────────────┐
│ 直观检查：检查电子控制系统各部件是否齐全，有无损伤；线路插接器 │
│ 及配线有无松动、脱线；导线和真空软管有无老化、破裂或接错等    │
└─────────────────────────────────────────────────────────┘
                            ↓
┌─────────────────────────────────────────────────────────┐
│ 常规检查：发动机怠速、点火正时、燃油压力、蓄电池电压、自动变速 │
│ 器油压、制动液位等是否正常，熔断器、继电器、开关等有无损坏等   │
└─────────────────────────────────────────────────────────┘
                            ↓
         ┌──────────────────────────────┐
         │ 故障自诊断检查：读取故障码      │
         └──────────────────────────────┘
           ↓                          ↓
┌──────────────────────┐   ┌──────────────────────┐
│ 根据故障码进行检测诊断 │   │ 根据故障征兆进行检测诊断 │
└──────────────────────┘   └──────────────────────┘
      ↓                ↓                ↓
┌──────────┐  ┌──────────┐  ┌──────────┐
│利用万用表检测│  │利用数据流检测│  │利用波形分析方法│
│方法确定故障部位│ │方法确定故障部位│ │确定故障部位  │
└──────────┘  └──────────┘  └──────────┘
                    ↓
         ┌──────────────────────┐
         │ 根据检测结果修复故障    │
         └──────────────────────┘
```

图 3-21　电控系统故障诊断的基本程序

二、电控系统故障检测与诊断的基本原则

1. 先思后行

当汽车电控系统出现故障时，应首先对故障现象进行综合分析，在了解各种可能故障原因的基础上，再进行故障检查。这样，可避免检查的盲目性，不会对故障现象无关的部位做无效的检查，又可避免对一些有关部位漏检，从而迅速排除故障。

2. 先外后内

在怀疑汽车电控系统出现故障时，应先对电控系统之外的可能故障部位予以检查。这样可避免与电控系统无关的故障，避免对电控系统的控制器、传感器、执行器及线路等进行复杂且又费时费力的检查。

3. 先简后繁

能以简单方法检查的可能故障部位应优先检查。比如，直观检查最为简单，可以用问、看、摸、嗅和试等直观检查方法，将一些较为显露的故障部位迅速查出。若直观检查未找出故障，也应对较易检查的部位优先检查，能就车检查的项目应先进行检查。

4. 先易后难

电控系统故障存在多种可能的原因，由于结构特点和使用环境等原因，某一故障现象通常是由电控系统的某些总成或部件的原因引起的，应先对这些常见故障部位进行检查。若未查出故障，再对其他不常见的故障部位进行检查。这样做，可以迅速排除故障，省时省力。

5. 故障码优先

汽车电控系统一般都有故障自诊断功能，当电控系统出现某种故障时，故障自诊断系统多数情况下会监测到故障，并通过故障指示灯发出提示，与此同时，以故障码的方式储存该故障信息。但是对于某些故障，自诊断系统只储存故障码，并不报警。因此，在对汽车电控系统进行检查前，应先读取故障码，再参考故障码的内容，进行故障的诊断与检测。

6. 先备后用

电控系统元件性能的好坏、电气线路是否正常，常以其电压或电阻等参数来判断。如果没有这些数据资料，系统的故障检测将会很困难，往往只能采取新件替换的方法，这些方法有时会造成修理费用增加且费工费时。因此在诊断电控系统故障前，应准备好与所检车型有关的数据资料，除了从维修手册等资料上收集整理这些资料外，另一个有效的途径是随时检测、记录无故障车辆的有关参数，逐渐积累，作为日后检修同类型车辆的检测比较参数。

三、疑难故障的常见类型

1. 潜伏性故障

潜伏性故障是指汽车电控系统存在故障，但是故障原因难以查明。它的征兆表现为汽车电控系统故障特征不明显，平时很难发现，只有在特定情况下其症状才有所显示。

2. 间断性故障

间断性故障是指汽车电控系统出现故障后，征兆表现很不确定，即时而出现、时而又消失，故障原因难以查明。它的征兆表现为汽车电控系统故障特征极不稳定。通常为汽车电控系统故障的断续性状态。

3. 交叉性故障

交叉性故障是指汽车同时出现机械、液压、油路和电控系统综合故障后，非汽车电控系统故障交叉掩盖汽车电控系统故障，故障原因难以查明。一般表现为电控系统故障特征极不明显，通常为汽车电控系统故障的错觉性状态。汽车出现交叉性故障后，各种不同性质的故障混为一体，故障征兆相互混淆，易使检修人员形成判断错误。

4. 虚假性故障

虚假性故障是指汽车电控系统出现单一故障后，由于汽车处于运转状态，使得故障损坏程度进一步延伸并恶化，将汽车电控系统以非汽车电控系统故障的征兆显示，故障原因难以查明。它的故障表现为完全以虚假的非汽车电控系统故障出现，通常为汽车电控系统故障的假象性状态，如当汽车电控系统中的传感器出现故障时，其测定的信号参数出现异常，电控单元接收到虚假的信号参数，则以异常数据进行程序控制，其结果必然引起汽车控制程序紊乱，造成故障的恶性循环。

5. 误导性故障

误导性故障是指汽车电控系统出现单一故障后，由于驾驶人错误描述或自诊断故障码紊乱而出现误导，维修人员不假思索地照搬硬套，而造成新的电控系统故障。一般表现为过分依赖于驾驶人和车载自诊断故障码，通常为汽车电控系统故障检测的盲目性状态。

注意：汽车电子控制程序的设计，是根据汽车的不同状况，预先设定运行方案并存储于电控单元中，对各种传感器输入电控单元的参数，经电控单元内部的 A/D 参数转换，组成各种运行方案的地址码。当某一个参数发生变化时，其对应的运行方案也将发生变化。另外，由于汽车电控系统所检测的参数有些是间接参数，故障码反映的不是某个器件的状态，而是某个系统的状态，如果简单地认为某个器件损坏，就可能产生误导。

四、自诊断检测系统

1. 自诊断检测系统的功能

现代汽车的电控系统都配备有自诊断系统，该系统主要用于监测、诊断电控系统中各传感器、执行器以及电控单元（ECU）的工作是否正常。

（1）传感器的自诊断。对于电控系统的传感器，ECU 通过监测其输入信号是否在规定的范围内来判断该传感器及其相关电路是否有故障。在发动机工作过程中，若偶尔出现一次不正常信号，发动机 ECU 不会产生故障码，但如果输入信号不在规定的范围内超过一定的时间，此故障码就会储存在电控系统的存储器中。在发动机运转过程中，若发动机 ECU 在一段时间内收不到输入电压信号或输入的电压信号不发生变化，也会产生故障码。

（2）执行器的自诊断。在开环控制系统中，电子控制系统的执行器（如喷油器、电动燃油泵、开关电磁阀等）一般只接收 ECU 的指令信号，而没有输入到 ECU 的反馈信号，为监测执行器的工作状况，一般都设有专用监控电路，当监控电路输入到 ECU 的信号异常时，即产生故障码。

（3）电控单元（ECU）的自诊断。电控单元内设有监控电路，当电控单元出现故障时，在产生故障码的同时，启用备用电路，以免汽车不能运行。

（4）故障的确认。对于自诊断系统已确认的故障，故障码均储存在电控系统的存储器中。如果在一定时间内该故障不再出现，则电控系统就把它判定为偶发性故障（又称间歇性故障）。如果发动机起动 50 次后故障不再出现，该偶发性故障的故障码就会自动消除。

2. OBD-Ⅱ诊断插座

装有 OBD（On Board Diagnosis，车载诊断）系统的车辆，都设有诊断插座，又称数据通信插座，用 DLC（Data Link Connector）表示。OBD-Ⅱ诊断插座有统一的形状和尺寸，且都安装在驾驶人一侧的仪表板下方。该诊断插座有 16 个端子插座，如图 3-22 所示。OBD-Ⅱ诊断插座中各端口的功能见表 3-2。

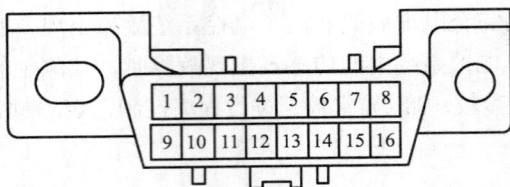

图 3-22 OBD-Ⅱ诊断插座

表 3-2 OBD-Ⅱ诊断插座中各端口的功能

端口	功　能	端口	功　能
1	生产厂家自行设定	9	生产厂家自行设定
2	总线正极（BUS+）	10	总线负极（BUS-）
3	生产厂家自行设定	11	生产厂家自行设定
4	底盘搭铁	12	生产厂家自行设定
5	信号搭铁	13	生产厂家自行设定
6	ISO-15765-4CAN-C（+）	14	ISO-15765-4CAN-C（-）
7	ISO9141 的 K 线	15	ISO9141 的 L 线
8	生产厂家自行设定	16	蓄电池正极

3. OBD-Ⅱ故障码

OBD-Ⅱ故障码由五个数字组成，每个数字代表了不同的含义，如图 3-23 所示。故障码 P0000 ~ P0999 是美国机动车工程师学会（SAE）统一规定的。这部分及其故障定义对所有符合标准的车型都是一样的。但是，不同车型对同一故障码的检测与诊断方式不完全相同，所以检测时还应查阅相应的维修手册。

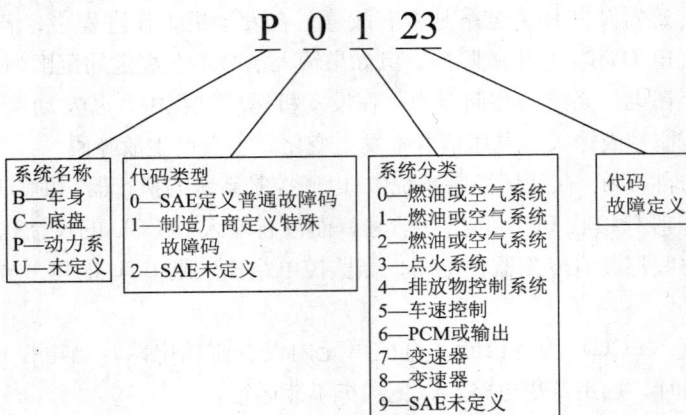

图 3-23 OBD-Ⅱ故障码的结构

🚗 任务实施

一、利用故障检测仪检测

汽车故障检测仪分为专用型和通用型两种。专用型检测仪是汽车制造厂家专门为其所生产的车辆设计制造的仪器，仅适用于某种车型，对其他车型却无法检测，但是专用型检测仪对于相对应的车辆而言，功能强大；通用型检测仪是一种通过更换不同的软件和检测插头，可以对多种车型电子控制系统进行检测和诊断的仪器，适用范围广泛，但是与专用型检测仪相比，对于特定车型的检测功能相对较弱。

利用故障检测仪检测发动机电控系统，各种检测仪的具体方法有所不同，但基本的检测项目和内容差不多。下面以元征 X431 故障检测仪为例简单介绍。

1. 选择测试项目

在汽车 OBD-Ⅱ诊断插座上安装 OBD 蓝牙诊断接头，起动发动机，打开检测仪，选择车型后，开始诊断。系统开始自动或通过手动对车辆进行识别。系统完成识别后，即进入图 3-24 所示界面。

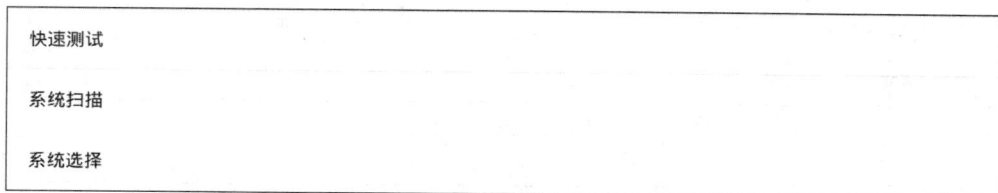

| 快速测试 |
| 系统扫描 |
| 系统选择 |

图 3-24　选择测试项目对话框

若选择图 3-24 中的"快速测试"项目，系统将读取所有控制单元的故障存储器，检查其中是否有故障码，并将故障码显示在图 3-25 所示界面上。

系统名称	结果
ECM（发动机控制模块）	故障|4
TCM（变速器控制模块）	故障|3
ABS（防抱死制动系统）	故障|2
SRS（辅助充气式约束保护系统）	故障|3
BCM（车身控制模块）	故障|3
IMM（防盗系统）	故障|3

图 3-25　故障码显示

若选择图 3-24 中的"系统扫描"项目，系统将扫描并显示该车型所有已配备的控制单元，如图 3-26 所示。

根据检测需要，可单击图 3-26 中准备检测的控制单元，如单击"ECM（发动机控制模块）"，系统将进入 ECM（发动机控制模块检测菜单），如图 3-27 所示。

若选择图 3-24 中的"系统选择"项目，系统也将显示该车型所有已配备的控制单元，如图 3-26 所示。

2. 控制单元的检测

单击图 3-27 中的"读故障码"项目，系统将显示该控制单元存储器内存储的所有故障码，如图 3-28 所示。单击图 3-27 中的"清除故障记忆"项目，系统将清除该控制单元存储器内存储的所有故障码。

系统名称	结果
ECM（发动机控制模块）	已配备
TCM（变速器控制模块）	已配备
ABS（防抱死制动系统）	已配备
SRS（辅助充气式约束保护系统）	已配备
BCM（车身控制模块）	已配备
IMM（防盗系统）	已配备
BMS（蓄电池管理系统）	已配备

图 3-26　控制单元列表

版本信息

读故障码

清除故障记忆

读取数据流

动作测试

特殊功能

编程

图 3-27　控制单元检测菜单

P0303	3缸失火(P0303)	🔍
P2097	节气门卡滞(结冰)	🔍
P0401	废气再循环阀A检测到流量不足	🔍
P0174	系统(空燃比)太稀(第2排)	🔍

图 3-28　故障码显示

单击图 3-27 中的"读取数据流"项目，系统将显示该控制单元相关的传感器、执行器及开关列表，如图 3-29 所示。

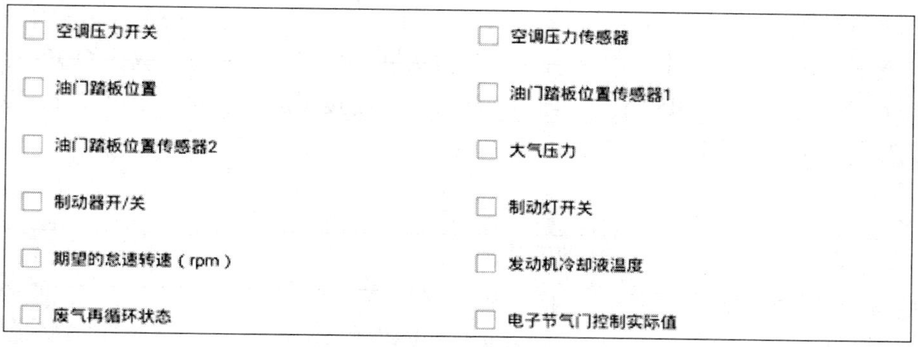
空调压力开关
空调压力传感器
油门踏板位置
油门踏板位置传感器1
油门踏板位置传感器2
大气压力
制动器开/关
制动灯开关
期望的怠速转速（rpm）
发动机冷却液温度
废气再循环状态
电子节气门控制实际值

图 3-29　传感器、执行器列表

单击图 3-29 中需要检测的项目后，按屏幕右下角的“确定”按钮，屏幕显示电控系统此时的实时数据，如图 3-30 所示。

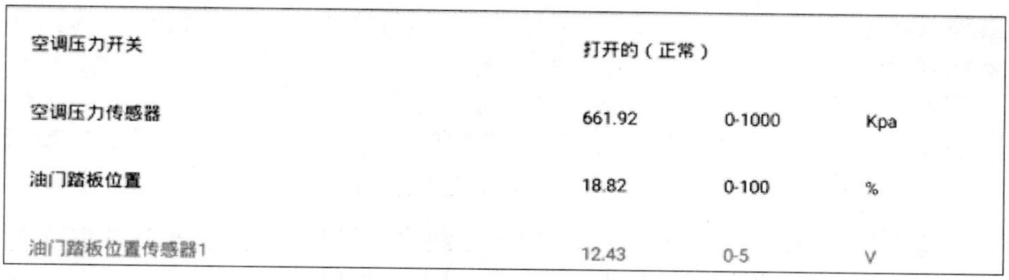
空调压力开关
打开的（正常）
空调压力传感器
661.92
0-1000
Kpa
油门踏板位置
18.82
0-100
%
油门踏板位置传感器1
12.43
0-5
V

图 3-30　控制单元数据流显示

在点火开关接通，车辆没有起动的情况下，单击图 3-27 的“动作测试”项目，系统将显示该控制单元相关的执行器列表，如图 3-31 所示。选定图中的一个执行器，检测仪即驱动相应的执行器，完成选定动作。

喷射器1
开
喷射器2
开
喷射器3
开
喷射器4
开

图 3-31　执行器的动作测试

3. 利用专用检测仪进行检测

随着汽车电控技术复杂性的提高，专用检测仪在汽车电控系统检测与诊断中的作用更加突出。汽车维修技术人员的技术能力，很大程度上，是建立在对于汽车专用检测仪的熟练运用的基础之上的。下面以大众 / 奥迪 ODIS 诊断系统为例，介绍专用故障检测仪的使用方法。

(1) 车辆的识别

将蓝牙诊断接头插入车辆的诊断接口，将点火开关置于开启状态。双击 ODIS 诊断系统图标，开启 ODIS 系统。ODIS 系统将自动检测蓝牙诊断接头是否已插入诊断接口，以及车辆点火开关是否处于开启状态，如图 3-32 所示。

图 3-32　ODIS 系统开启界面

单击屏幕中的"启动诊断"超链接，ODIS 系统将进行车辆识别。车辆基本特性界面如图 3-33 所示。ODIS 系统若不能识别某些车辆信息时，需手动将信息补全。在车辆识别界面的最下方有一个"用引导型故障查询工作"复选框。若选中该复选框，则默认使用引导型故障查询模式；取消选择时，则默认使用自诊断模式。

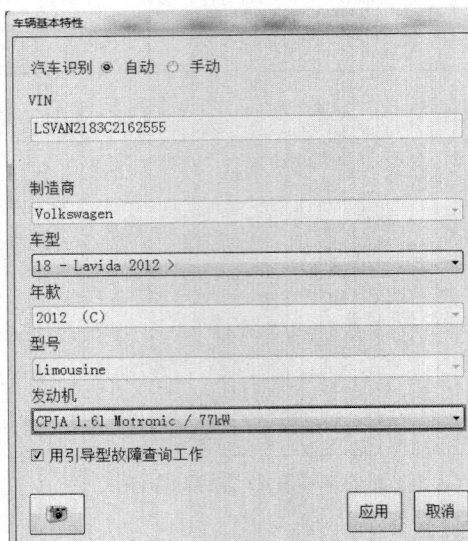

图 3-33　车辆基本特性界面

(2) 控制单元联网图

系统完成车辆识别后，自动跳转到委托单界面，如图 3-34 所示。

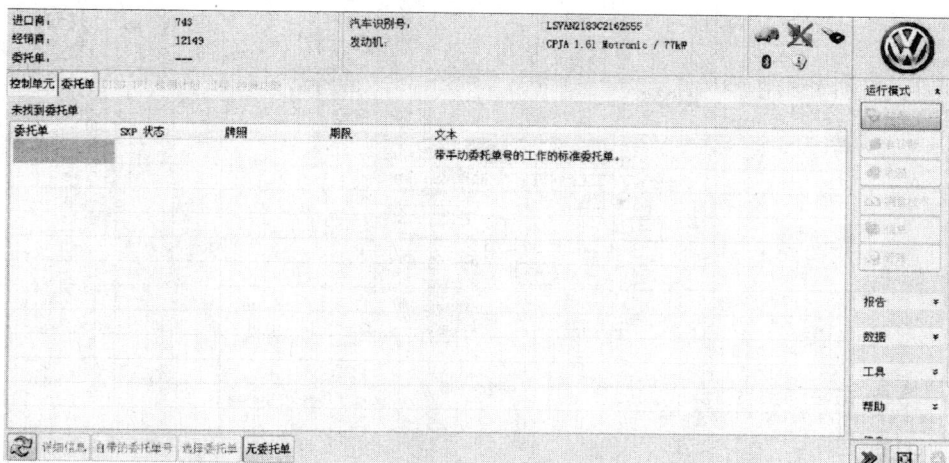

图 3-34　委托单界面

单击委托单界面下方的"无委托单"按钮，ODIS 系统自动进入控制单元联网图，如图 3-35 所示。图中无色粗框图标，表示此控制单元已经正确识别，并且没有故障信息；红色图标，表示此控制单元已经正确识别，且故障存储器中有故障信息；无色细框图标，表示此控制单元未识别，可能是车辆没有配备此控制单元，也可能是网络连接故障。

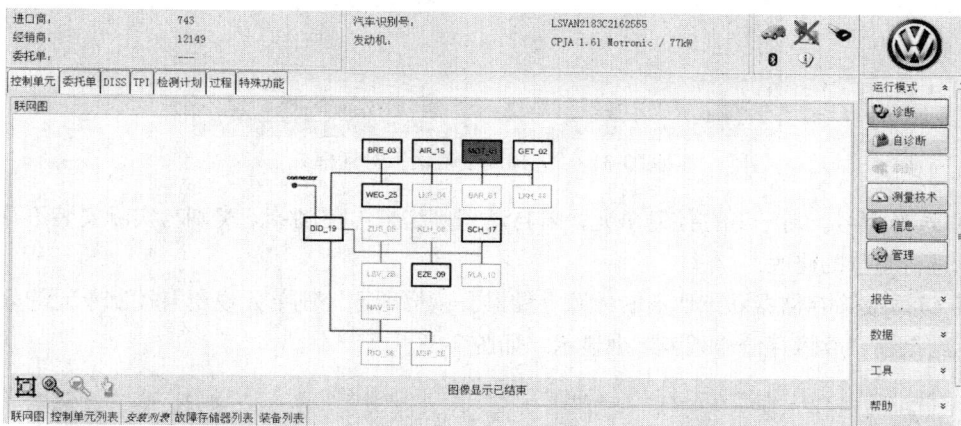

图 3-35　控制单元联网图

在控制单元联网图的控制单元图标上，按鼠标左键 1 s 以上，或者右击，将弹出快捷菜单，如图 3-36 所示。

① 测量技术。选择"测量技术"命令，弹出"选择测量值块"对话框，如图 3-37 所示。ODIS 系统会转到此控制单元的测量模式，如测量电压、电流、波形等。相应的测量模式需要硬件设施的支持。

② 识别控制单元。可用于自诊断模式中对某个控制单元的单独识别，或者是对控制单元识别中未能识别的控制单元进行后续识别。对未识别的控制单元进行后续识别时，系统会询问"无法识别此单元，是否强制识别"。若选择"是"，ODIS 系统虽无法与之交流，但也会认为已安装此控制单元。

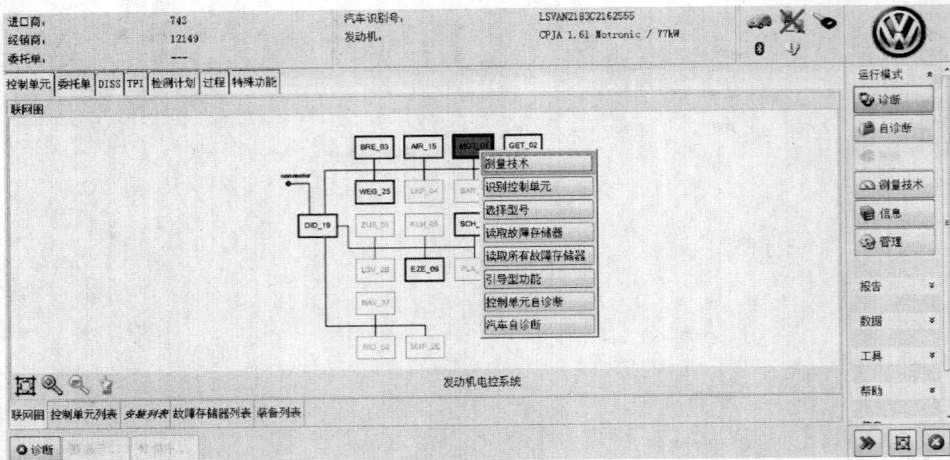

图 3-36　控制单元右键快捷菜单

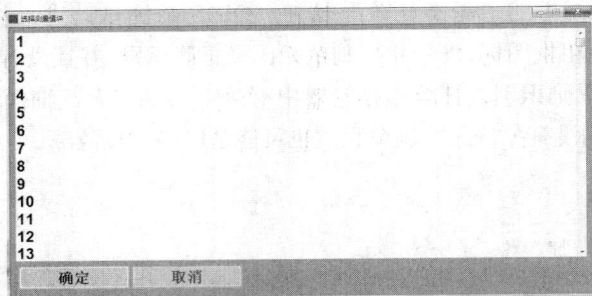

图 3-37　"选择测量值块"对话框

③ 选择型号。对于某些控制单元,若自动识别结果中控制单元类别与实际安装不符,可以手动进行型号的修改。

④ 读取故障存储器和读取所有故障存储器。读取所选控制单元或所有控制单元的故障存储器,结果在"故障存储器列表"中显示,如图 3-38 所示。

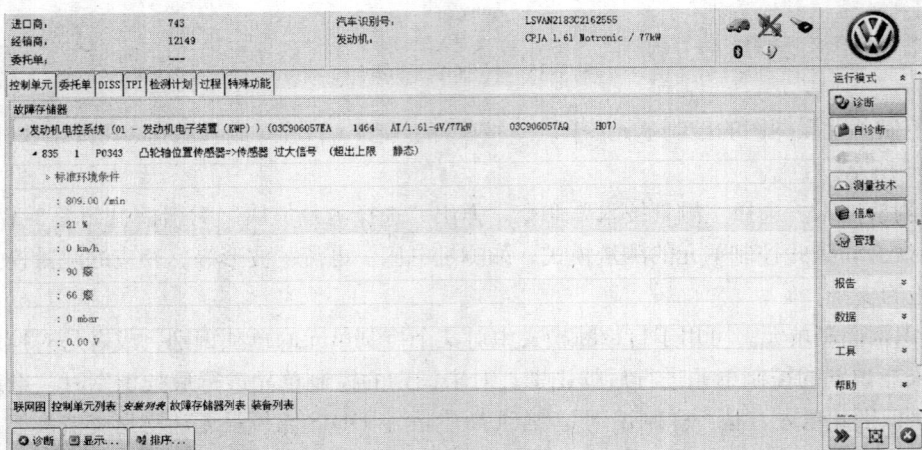

图 3-38　故障存储器列表

⑤ 引导型功能。选择"引导型功能"命令，弹出"引导型功能"对话框，可以调出针对此控制单元的所有可选的引导功能列表，如图 3-39 所示。选择其中某一项后，ODIS 系统在"流程"选项卡下执行该项引导。

⑥ 控制单元自诊断。选择"控制单元自诊断"命令，弹出"自诊断功能"对话框，如图 3-40 所示。执行各种自诊断项目，除"访问权限"功能会在另一个界面显示之外，其他功能的运行结果会在"结果"选项卡中显示。

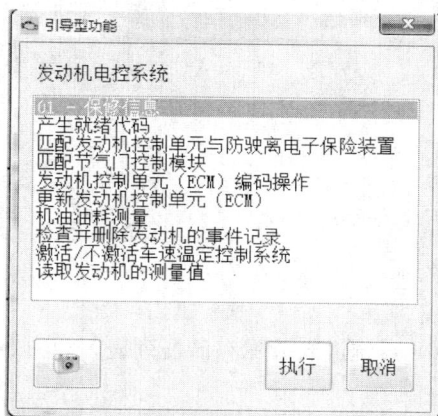

图 3-39　"引导型功能"对话框

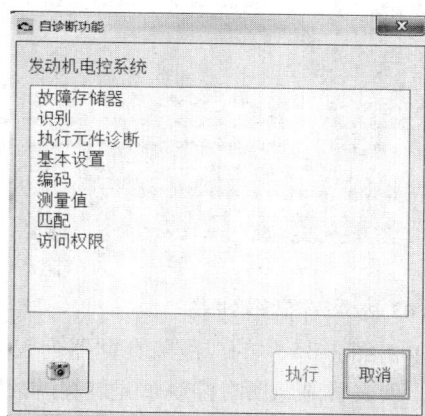

图 3-40　"自诊断功能"对话框

⑦ 汽车自诊断。选择"汽车自诊断"命令，弹出图 3-41 所示对话框。执行各种自诊断项目，除"运输模式"会在另一个界面显示之外，其他项目的运行结果会在"结果"选项卡中显示。

在"全部故障存储器"模式下，ODIS 系统将对所有可能安装的控制单元进行故障存储器的读取，然后将结果以列表的形式显示出来。

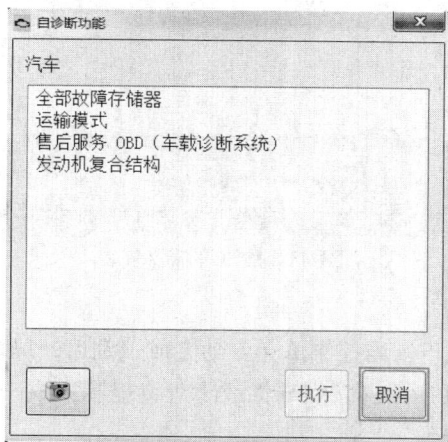

图 3-41　汽车自诊断对话框

（3）控制单元列表

单击图 3-35 中的"控制单元列表"按钮，ODIS 系统进入控制单元列表，如图 3-42 所示。控制单元列表是控制单元联网图的表格化显示方式，在此列表中也可以调出快捷菜单。单击图 3-42 中的"显示"按钮，可以选择显示全部控制单元，或是只显示已识别的控制单元。单击图 3-42 中的"排序"按钮，可以按地址编号、故障数量、控制单元名称三种方式排序。

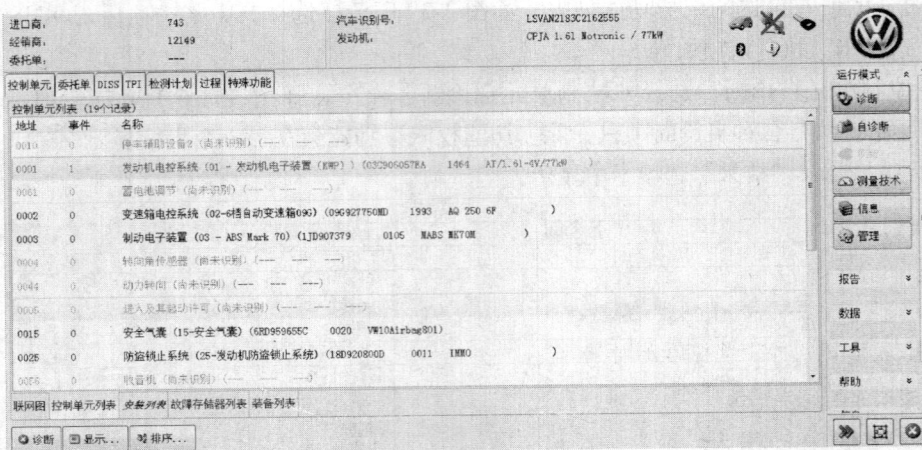

图 3-42　控制单元列表

（4）故障存储器列表

单击图 3-35 中的"故障存储器列表"按钮，ODIS 系统进入故障存储器列表，如图 3-43 所示，列表将显示所有控制单元储存的故障。

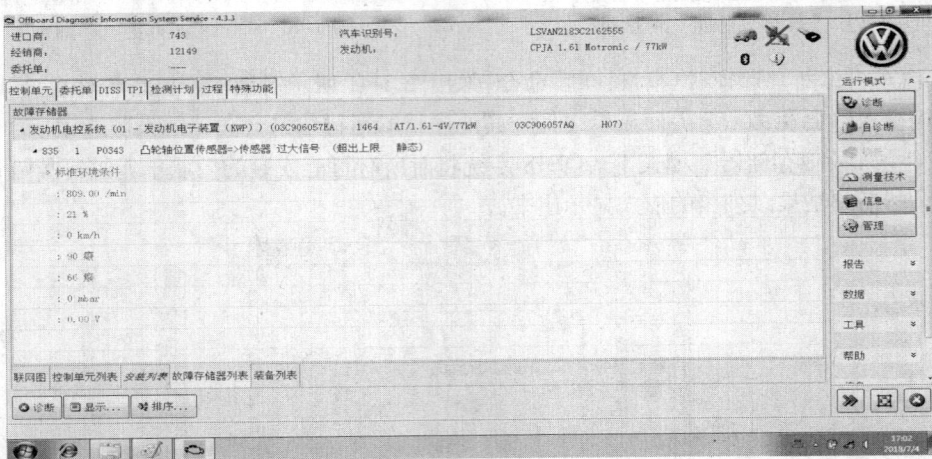

图 3-43　故障存储器列表

（5）生成检测计划

在引导性故障查询模式下，当控制单元自动完成识别后，屏幕会弹出对话框，要求进行引导性故障查询，如图 3-44 所示。按引导性故障查询提示完成一系列操作之后，ODIS 系统生成检测计划。

如果认为 ODIS 系统提供的检测计划不全，需要自己添加检测计划，可单击图 3-44 下方的"选择自己的检测"按钮，弹出图 3-45 所示的"检测一览"对话框。

如果在本次检测中，需对发动机凸轮轴位置传感器进行检测，则单击图 3-45 中的"传动系类型"选项，然后选择图 3-46 中的"霍尔传感器"，进入霍尔传感器检测流程，如图 3-47 所示。按照屏幕上的提示，完成霍尔传感器的检测流程。在执行检测计划期间，可单击

图 3-47 下方的"取消检测"按钮，暂停或退出检测计划界面。

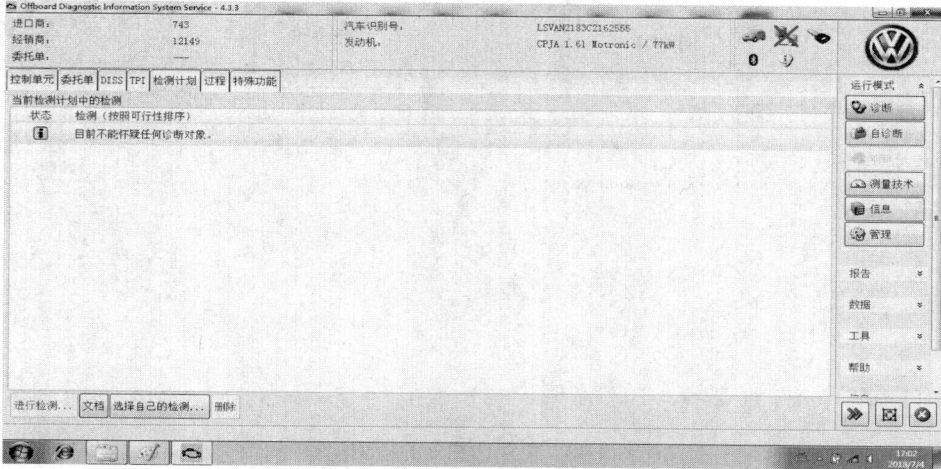

图 3-44　引导性故障查询对话框

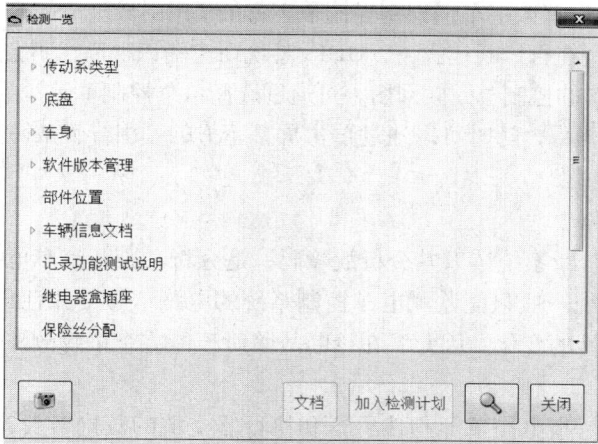

图 3-45　"检测一览"对话框

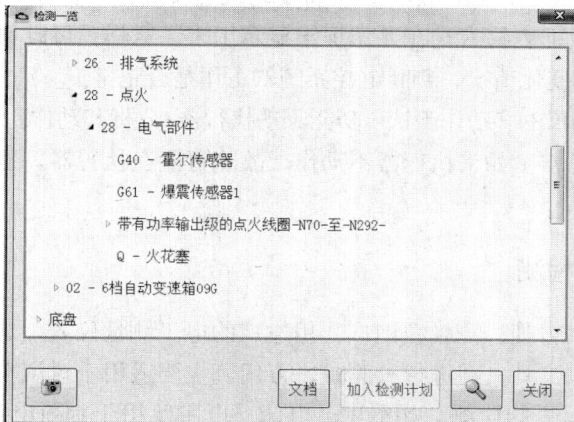

图 3-46　选择霍尔传感器

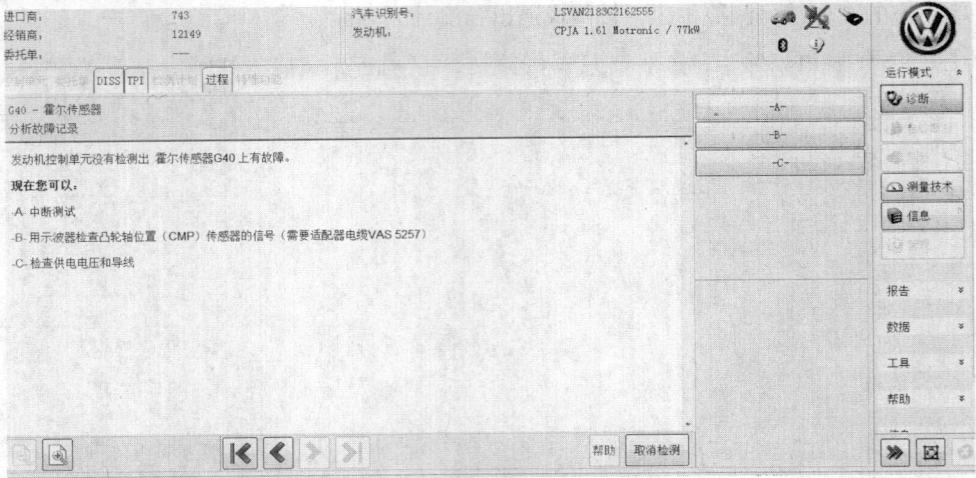

图 3-47　霍尔传感器的检测流程

（6）自诊断模式

在图 3-33 中，若没有选中车辆识别界面最下方的"用引导型故障查询工作"复选框，则默认进入自诊断模式。在自诊断模式下，ODIS 系统在车辆识别后，不会自动进行控制单元的识别，而是仅显示该车的控制单元联网图。可通过选择单个控制单元，单击进行识别。

在整个自诊断过程中，随时可以通过单击屏幕下方的"引导性故障查询"按钮，转换到故障导航模式。

4. 检测结果分析

（1）通过故障自诊断系统读取并分析故障码，是分析和判断汽车电控系统故障的有效手段，但故障自诊断系统一般只能监测电子控制系统的电路信号，并且只能监测信号的范围，而不能监测传感器特性的变化。因此，在诊断故障时不能完全依赖故障码，而只能把它作为一种重要的参考数据。

（2）汽车数据流是指电控单元与传感器和执行器交流的数据参数，它是通过诊断接口，由故障检测仪读取的数据，且随时间和工况而变化。数据的传输就像排队一样，一个一个通过数据线流向检测仪。通过故障检测仪，可将发动机运转过程中各种传感器和执行器的输入、输出信号的瞬时值以数据表的方式在显示屏上显示出来。这样，可以根据发动机工作过程中电控系统内各种数据的变化情况，判断电控系统的工作是否正常。

（3）利用故障检测仪的"动作测试"功能驱动执行器，分析其动作。如果执行器动作良好，说明执行器技术状况正常；如果执行器不动作，故障可能在执行器，也可能在执行器与控制单元的连接线路上。

二、利用万用表检测

万用表是一种携带方便、测量范围广、用途广的电工测量仪表，是汽车电控系统部件检测不可缺少的有效检测工具。在进行检测时，万用表主要适用于对汽车电控系统部件的静态或变化频率较小的电信号的检测，如电压、电流、电阻及用于判断电路和电子器件的通断、搭铁情况等。下面即以冷却液温度传感器的检测为例，对万用表在电控系统故障检测与诊断中的应用予以介绍。

冷却液温度传感器的连接电路如图 3-48 所示，它一般用两条导线与发动机电控单元相连。冷却液温度传感器是负温度系数热敏电阻式传感器，冷却液温度低时电阻值大，冷却液温度高时电阻值小。

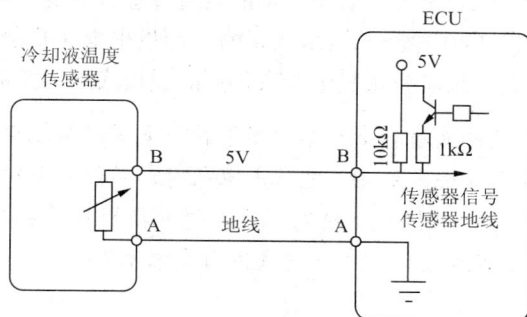

图 3-48　冷却液温度传感器的连接电路

1. 电阻的检测

（1）将点火开关置于 OFF 位置，拔下冷却液温度传感器的导线插接器，将传感器置于图 3-49 所示的量杯中。

（2）如图 3-49 所示，对量杯加热，同时监测量杯内的水温，用万用表的电阻挡测量冷却液温度传感器上端子两个端子之间的电阻。其值在温度低时电阻大，温度高时电阻小。各种不同温度下传感器的电阻应符合本车型技术要求的规定值。

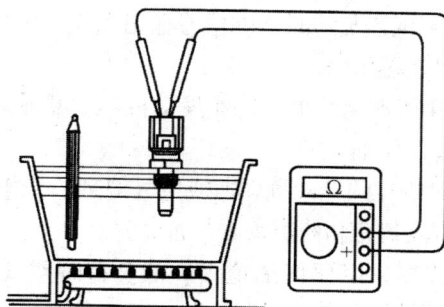

图 3-49　电阻的检测

2. 输出信号电压的检测

在传感器正常连接和工作时，从传感器插接器内的 B 端子，测量传感器的输出信号电压。其电压值应随冷却液温度的变化而变化。温度低时电压高，温度高时电压低。各种不同温度下传感器的输出信号电压应符合本车型技术要求的规定值。

3. 供电电压的检测

拔开传感器的线束插接器，从发动机电控单元插接器内的 B 端子测量电压值。当点火开关接通时，电压应为 5V 左右。

4.检测结果的诊断分析

（1）在上述检测中，如电阻检测、信号电压检测、供电电压检测的结果均正常，则冷却液温度传感器信号系统正常。

（2）如电阻检测、信号电压检测的结果中，有任何一项检测结果不在技术要求的规定范围内，而供电电压检测的结果正常，则表明冷却液温度传感器不良，应予以更换。

（3）如电阻检测、信号电压检测的结果均正常，而供电电压检测的结果不正常，则说明冷却液温度传感器本身正常，发动机电控单元或相应的连接线路不正常，应予以检修或更换。

注意：在使用万用表检测的过程中，不能用手接触表笔的金属部分，这样既可以使测量结果更准确，也可保证人身安全。当测量电流或电压时，不能带电换量程，尤其是在测量高电压或大电流时更应注意，如需换挡，应先断开表笔，换挡后再去测量。进行电流测量时，要先估算电流的大小，防止被测电流过大，造成万用表熔体损坏。

三、利用示波器检测

在现代电控发动机的诊断与检测中，汽车专用示波器是必不可少的设备之一。对于电控单元的输入与输出信号来讲，基本上可分为两类，模拟信号和数字信号。汽车专用示波器可以准确地将上述信号显示出来。对于空气流量传感器、氧传感器、转速传感器等信号变化频率较高的电控系统部件，通过对其输入或输出信号波形的变化，可以比较容易地分析判断其技术状况。

下面即以频率式空气流量传感器的检测为例，对示波器在电控系统故障检测与诊断中的应用予以介绍。

1.检测步骤

（1）将示波器通道 A 的测试线与传感器的信号输出端或高电位端相接，示波器的接地线与传感器的输出低电位端或接地端相接。

（2）起动发动机，通过踩踏加速踏板，控制发动机加、减速运转，特别是在发动机出现故障的转速范围内，更应反复、仔细检测。

（3）反复检测，以确认对给定的发动机转速或空气流量，传感器能产生正确的频率信号。检查波形的形状在一致性、方波拐角和两边垂直是否良好。

（4）按 HOLD 键冻结波形，以便仔细检查。低负荷时空气流量传感器的实测波形如图 3-50 所示；高负荷时空气流量传感器的实测波形如图 3-51 所示。

2.波形的诊断分析

（1）信号频率随空气流量的比率变化而变化，在发动机低速时，信号输出频率相对较低；在发动机加速时，信号输出频率增高，从而向发动机电控单元提供非同步加浓及额外喷射脉冲信号。

（2）在稳定的空气流量下，波形中产生的频率也应该是稳定的。

（3）注意观察图 3-50、图 3-51 中的波形，不应该有脉冲不全、多余尖峰和拐角圆滑的问题，这些都将造成"电子通信"的错乱，影响发动机的动力及排放性能。

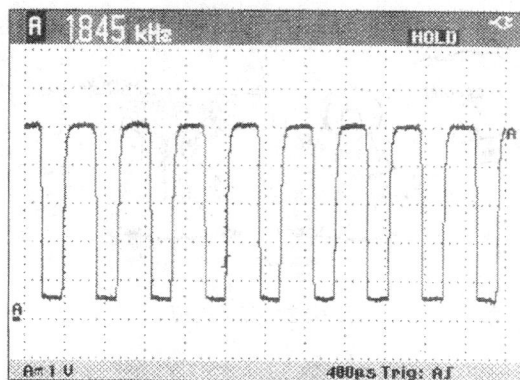

图 3-50　低负荷时空气流量传感器的实测波形

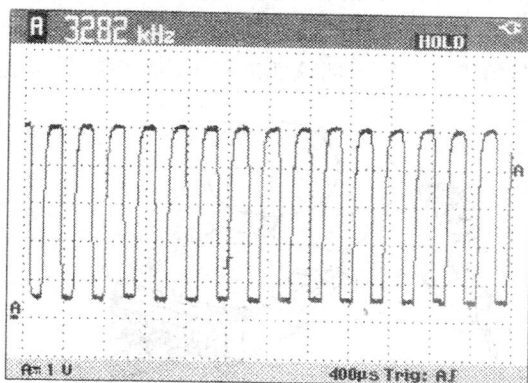

图 3-51　高负荷时空气流量传感器的实测波形

四、疑难故障的模拟检测

对于汽车电子控制系统的疑难故障，通常利用故障征兆模拟的方法进行检测与诊断。故障征兆模拟的方法，实际上就是以实地检查与试验的方式，让待修车辆以相同或相似的条件和环境再现其故障，然后经过模拟验证和分析判断后，确切诊断出故障原因和部位。

1. 利用环境模拟的方法检测

（1）振动模拟。当怀疑振动可能是导致故障的主要原因时，通常采用振动模拟法进行检查。如图 3-52 所示，对于怀疑有故障的插接器，可在垂直和水平方向轻轻摇动；对于怀疑有故障的配线，可在垂直和水平方向轻轻摆动；对于怀疑有故障的电子元器件，可用手轻轻拍打，以检查器件内部是否存在虚焊、松动、接触不良等故障。

注意：插接器的接头、振动支架和穿过开口的插接器体，都是应仔细检查的部位。操作时要注意不可用力过大，以免损坏电子器件。利用振动进行检查时，应随时观察被检装置的工作反应，以确定故障部位。

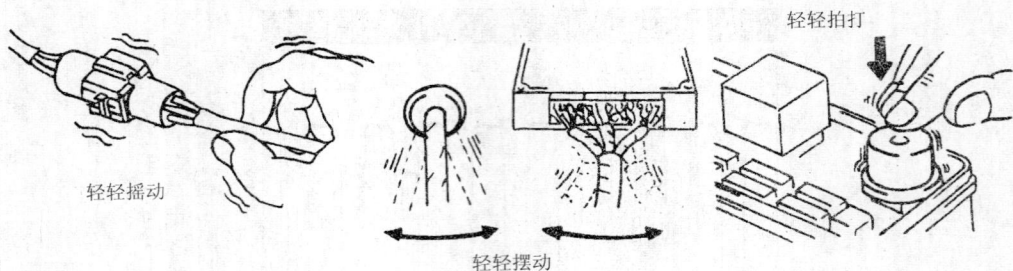

轻轻拍打

轻轻摇动

轻轻摆动

图 3-52　振动模拟

（2）加热模拟。如果有些故障只是在热车时才出现，此时可对某些怀疑有故障的元器件、导线束、插接器等进行局部加热，如图 3-53 所示。若在汽车起动或电子设备开机后，经过一段时间电控系统的故障才出现，即只有达到一定温度后，故障才出现；冷却后，故障现象消失，系统工作恢复正常。这时，应根据故障出现的征兆，初步确定需要加热的部位或元器件，当烘烤到哪个部位或元件时故障出现，即说明该部位或元件与电控系统故障有关。

失灵

图 3-53　加热模拟

注意：加热器宜选用电吹风或类似的加热装置，加热时不可直接对电控单元加热，加热温度不得超过 80 ℃。

（3）加湿模拟。当故障发生在雨天或洗车之后，可使用加湿模拟法，如图 3-54 所示，用水喷淋汽车外部，进行高湿度环境模拟试验。当对车辆进行喷淋后，如果故障再现，可以沿着水迹确定故障部位和元件。

图 3-54　加湿模拟

注意：喷淋前应对电子设备予以保护，以免损坏电子设备；不可将水直接喷淋在汽车零部件上，喷水角度应尽量朝向空中，让水滴自由落下。

2. 利用增减载荷的模拟方法检测

在汽车电控系统疑难故障的检测诊断中，也可采用增减载荷的模拟方法，再现电控系统的故障征兆，以诊断由载荷引起的疑难故障。

（1）增加载荷。当怀疑故障可能是由于系统电路载荷过大而引起，而故障症状又不明显时，可采用增加载荷法来进行模拟验证。在增加电路负荷的情况下，检查电控系统是否发生故障，以便进行检测和诊断。

（2）减少载荷。在检测局部电路短路或烧断熔体的故障时，常采用减少载荷法来模拟诊断。此时只要将各路负载逐一减少，一般会找到短路的故障部位。其中，使用最多的是测量电流，通过观察总电流的变化，既可以诊断出故障的大致范围，又不至于损坏其他电路或电子元器件。如果断开某一电路后，总电流立即降为正常值，即说明此电路存在故障。

3. 利用模拟输入的方法检测

模拟输入法实质上就是在怀疑电路中某些元器件有故障时，将电路参数（电阻、电压、电流）输入到相关的元器件，进行模拟验证后诊断故障。

（1）电阻模拟输入。电阻模拟输入法又称串联法，是以电阻元件代替被怀疑的电阻式传感器，进行模拟验证，以便诊断该传感器是否损坏。

（2）电压模拟输入。电压模拟输入法又称并联法，是以外接电压或用合适的元器件，来代替被怀疑损坏的传感器，进行电压信号模拟验证，以便诊断该传感器是否损坏。利用电压信号模拟除了诊断损坏的传感器外，还可以诊断其他电子设备性能的好坏。

任务评价

一、工作成果评价

严格按照技术标准规范，对各小组电控系统的检测与诊断操作程序、操作行为、操作水平、检测精度等进行评价。

电控系统的检测与诊断工作成果评价表

学习目标	评价指标	评价标准	小组评价	教师评价
准备检测	操作程序	正确		
	操作行为	规范		
	操作水平	熟练		
实施检测	操作程序	正确		
	操作行为	规范		
	操作水平	熟练		
	检测精度	达到要求		

二、学习成果评价

按照职业教育技术类技能型人才培养要求，主要评价学生电控系统的检测与诊断的知识、能力及技术人员职业特质形成的情况。

电控系统的检测与诊断学习成果评价表

	学习目标	评价标准	小组评价	教师评价
知识	电控系统的检测与诊断的意义	理解		
	电控系统故障诊断的基本程序	了解		
	电控系统故障检测与诊断的基本原则	理解并简述		
	疑难故障的常见类型	了解		
	自诊断检测系统的功能及相关标准	理解并简述		
通用能力	协调能力	了解、运用协调方法		
	沟通能力	了解、运用沟通方法		
	配合能力	了解、运用配合方法		
	方法能力	具有革新意识		
专业能力	利用故障检测仪检测电控系统	达到职业资格要求的能力水平		
	利用万用表检测电控系统	达到职业资格要求的能力水平		
	利用示波器检测电控系统	达到职业资格要求的能力水平		
	疑难故障的模拟检测	达到职业资格要求的能力水平		
	检测结果的诊断分析	达到职业资格要求的能力水平		
特质	价值追求	追求标准、规范、精度的职业活动价值		
	思维特点	过程导向思维的认识、建立与习惯养成		
	职业态度	严谨认真、一丝不苟、精益求精的态度		

教师、同学建议：

评价汇总：
A 优秀
B 良好
C 基本掌握

努力方向：

思考与练习

1. 简述电控系统故障检测与诊断的基本原则。
2. 如何利用故障检测仪检测与诊断电控系统故障？
3. 利用示波器检测车速传感器信号波形，并对所检测的波形进行分析。

任务五　CAN 总线系统的检测与诊断

目前汽车上普遍采用的汽车总线有控制器局域网 CAN 和局部互连协议 LIN。

在当前的汽车总线网络市场上，占据主导地位的是 CAN 总线。CAN 总线是德国博世有限责任公司在 20 世纪 80 年代初为了解决现代汽车中众多的控制与测试仪器之间的数据交换问题而开发的一种串行数据通信协议。它的短帧数据结构、非破坏性总线性仲裁技术及灵活的通信方式适应了汽车的实时性和可靠性要求。

LIN 是一种低成本的串行通信网络协议，采用单个主控制器多个从设备的模式，在主从设备之间只需要 1 根电压为 12 V 的信号线。这种主要面向"传感器 / 执行器控制"的低速网络，其最高传输速率可达 20 kbit/s，主要应用于电动门窗、座椅调节、灯光照明等控制。通过CAN 网关，LIN 总线还可以和汽车其他系统进行信息交换，实现更丰富的功能。

任务目标

了解汽车总线系统检测与诊断的意义；

了解汽车总线的分类、结构、数据传输信号和数据传输方式；

掌握高速 CAN 总线终端电阻的检测方法；

掌握高速 CAN 总线的波形检测方法；

掌握低速 CAN 总线的波形检测方法；

掌握低速 LIN 总线的波形检测方法；

能够根据检测结果对汽车总线系统技术状况进行基本分析和判断；

掌握 CAN 总线通信线路的维修方法。

任务描述

目前汽车上的 CAN 总线主要有两类：一类用于驱动系统的高速 CAN 总线；另一类用于车身系统的低速 CAN 总线。对于高速 CAN 总线的通信线路故障，可以用数字万用表测量终端电阻的阻值是否正常；利用示波器检测串行通信数据信号的波形是否与标准的数据信号波形相符。对于低速 CAN 总线的通信线路故障，由于 CAN-H 与 CAN-L 之间不是通过电阻相连的，因此没有必要测量终端电阻，主要利用示波器对串行通信数据信号的波形进行检测。

LIN 总线是 CAN 总线网络下的子系统，其典型应用是车上传感器和执行器的联网。主要利用示波器对串行通信数据信号的波形进行检测，判断 LIN 总线系统工作是否正常。

任务分析

汽车 CAN 总线系统故障的主要原因有汽车电源系统引起的故障，电控单元本身的硬件或软件引起的故障，CAN 总线系统通信线路出现故障等。汽车电源系统的工作电压低于规定值时，造成部分电控单元停止工作，会使 CAN 总线系统暂时无法通信；电控单元的硬件故障或软件本身出现问题，将导致 CAN 总线系统通信出现混乱或无法工作；CAN 总线系统的通信线路出现短路、断路以及线路物理性质变化引起的通信信号衰减或失真时，也会使 CAN 总线系统无法正常工作。对于车辆总线系统的故障，应根据具体的总线类型和控制回路采用相应的方法与工具进行检测排除。

相关知识

一、CAN 总线的分类

由于汽车的很多部分都由独立的电子控制器进行控制，为了将整个汽车内各系统统一管理，实现数据共享和相互之间协同工作，利用 CAN 总线进行数据传递是一个必然的趋势。

目前汽车上的网络连接方式主要采用两类 CAN 总线，一类用于驱动系统的高速 CAN 总线，速率一般可达到 500 kbit/s，最高可达 1 000 kbit/s；另一类用于车身系统的低速 CAN 总线，速率是 100 kbit/s。

驱动 CAN 总线主要连接对象是发动机控制器（ECU）、ABS 控制器、安全气囊控制器等，它们的基本特征都是控制与汽车行驶直接相关的系统。

车身 CAN 总线主要连接和控制汽车内外部照明、灯光信号、空调、刮水电动机、中央门锁与防盗控制开关、组合仪表及其他辅助电器等。

对于驱动 CAN 总线，当两条 CAN 总线（CAN-H 和 CAN-L）其中一条线断路时，整个动力系统将无法正常工作，即不能进行单线传输，只有 CAN-L 线出现对地断路时还能正常工作。而由于舒适和信息娱乐总线都设有位于系统内各个控制单元中不同阻值的终端电阻，因此可实现单线传输。

二、CAN 总线的结构

CAN 总线由一个控制器、一个收发器、两个数据传输终端以及两条数据传输线组成。除数据传输线外，其他元件都置于控制单元内部。图 3-55 所示为驱动 CAN 总线的基本结构。

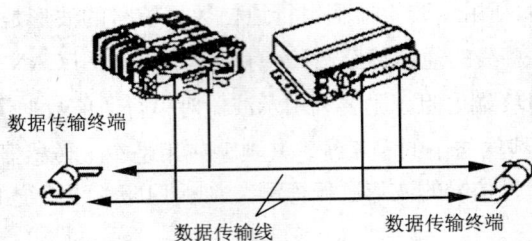

图 3-55 驱动 CAN 总线的基本结构

1. CAN 控制器

CAN 控制器是用来接收控制单元中微计算机传来的数据，对这些数据进行处理并将其传往 CAN 收发器。同样，CAN 控制器也接收由 CAN 收发器传来的数据，对这些数据进行处理并将其传往控制单元中的微计算机。

2. CAN 收发器

CAN 收发器将 CAN 控制器传来的数据转化为电信号并将其送入数据传输线。它也为 CAN 控制器接收和转发数据。

3. 数据传输终端

数据传输终端是一个电阻器，其作用是防止数据在线端被反射，并以回声的形式返回。数据在线端被反射会影响数据的传输。

4. 数据传输线

数据传输线是双向对数据进行传输的。两条传输线分别称为 CAN 高线和 CAN 低线。为了防止外界电磁波的干扰和向外辐射,CAN总线将两条线缠绕在一起(双绞线)，如图3-56所示。对于驱动 CAN 总线，这两条线的电位相反，如果一条是 5 V，另一条就是 0 V，始终保持电压总和为一常数。

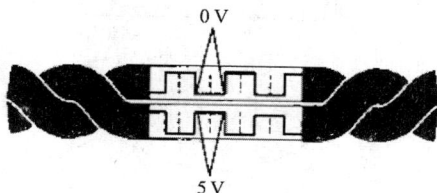

图 3-56　数据传输线的结构

三、CAN 总线的数据传输信号

1. 高速 CAN 总线

在静止状态下，对于高速 CAN 总线，两条 CAN 总线（CAN-H 和 CAN-L）上作用有预先设定的电压值，该值称为静电平，又称隐性电平，值约为 2.5 V。在显性状态下，CAN-H 会升高约 1 V,而 CAN-L 会降低约 1 V。于是在 CAN 总线上,CAN-H 对地电压升至 3.5 V 左右，CAN-L 对地电压降至 1.5 V 左右，如图 3-57 所示。

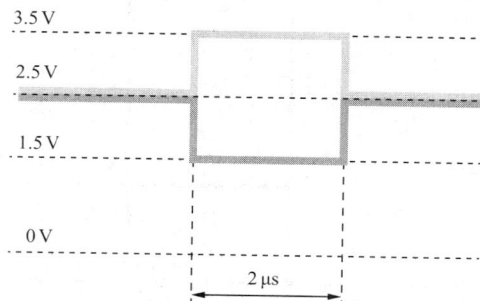

图 3-57　高速 CAN 总线上的信号变化

控制单元是通过 CAN 收发器连接到 CAN 总线上的，设置在 CAN 收发器内部的接收器一侧，用来处理来自 CAN-H 和 CAN-L 上的电压信号。差动信号放大器在处理信号时，会用 CAN-H 上的电压减去 CAN-L 上的电压，根据电压差确定电平信号，处理后的电平信号只有 0 和 1 两位。在显性状态时，电压差为 (3.5-1.5) V=2 V，输出的电平信号为 0；在隐性状态时，电压差为 (2.5-2.5) V=0 V，输出的电平信号为 1，如图 3-58 所示。

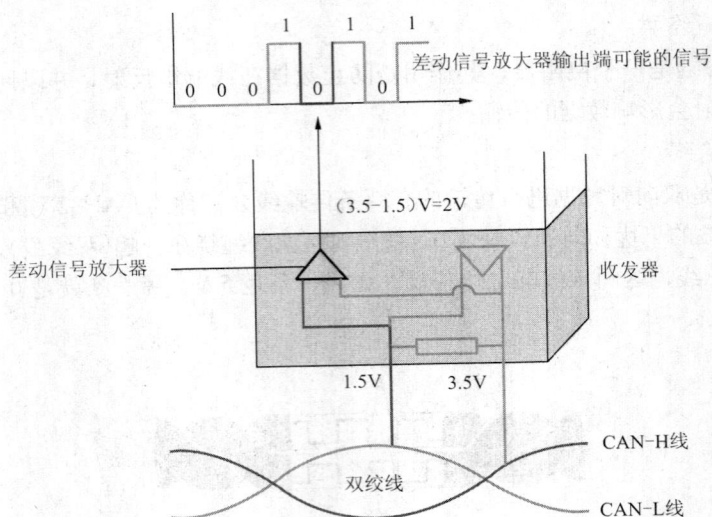

图 3-58　高速 CAN 总线的信号处理

2. 低速 CAN 总线

低速 CAN 总线与高速 CAN 总线信号有很大不同，在静止状态下，对于低速 CAN 总线，CAN-H 的隐性电平为 0 V；CAN-L 的隐性电平为 5 V；在显性状态下，CAN-H 会升高约 3.6 V，而 CAN-L 会降低约 3.6。于是在 CAN 总线上，CAN-H 对地电压升至 3.6 V 左右，CAN-L 对地电压降至 (5-3.6) V=1.4V 左右，如图 3-59 所示。

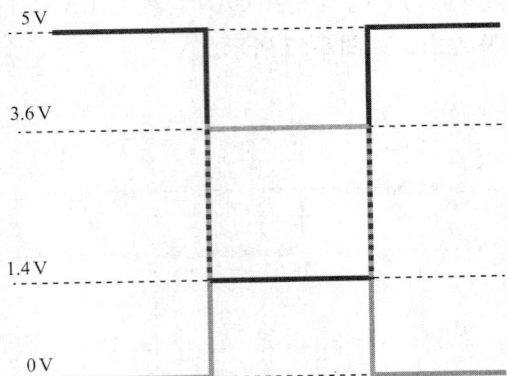

图 3-59　低速 CAN 总线上的信号变化

控制单元通过差动信号放大器在处理信号时，显性状态下，电压差为 (3.6-1.4) V=2.2V，输出的电平信号为 0；在隐性状态下，电压差为 (0-5) V=-5V，输出的电平信号为 1，如图 3-60 所示。

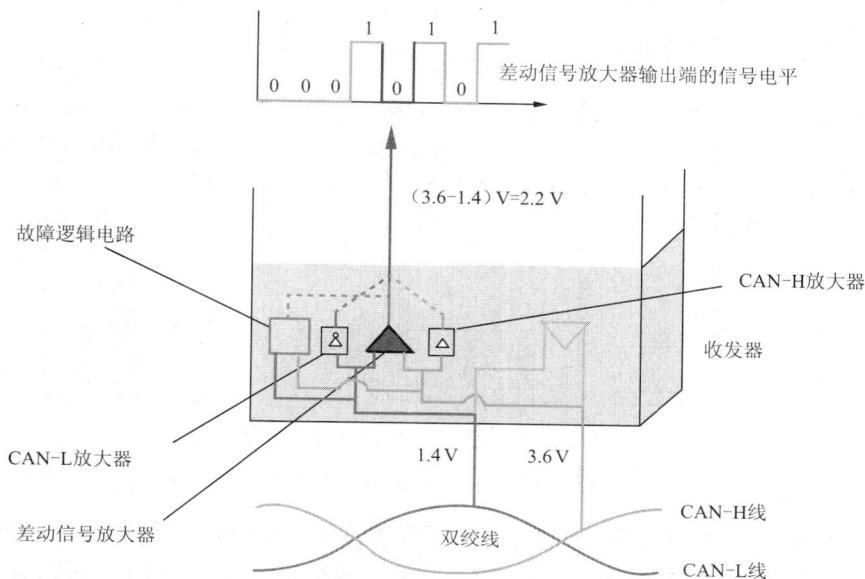

图 3-60 低速 CAN 总线的信号处理

四、CAN 总线的数据传输方式

CAN 总线的数据传输过程如图 3-61 所示，每条数据包括提供数据、发送数据、接收数据、检查数据和接受数据五个过程。例如，发动机电控单元向 CAN 控制器提供需要发送的数据；某电控单元 CAN 收发器接收到由发动机电控单元 CAN 控制器传来的数据，将其转为电信号后发送给本电控单元的 CAN 控制器；CAN 数据传输系统的其他电控单元 CAN 收发器均收到此数据，并检查判断所接收的数据是否是所需要的数据；如果接收的数据重要，它将被接受并进行处理，否则被忽略。

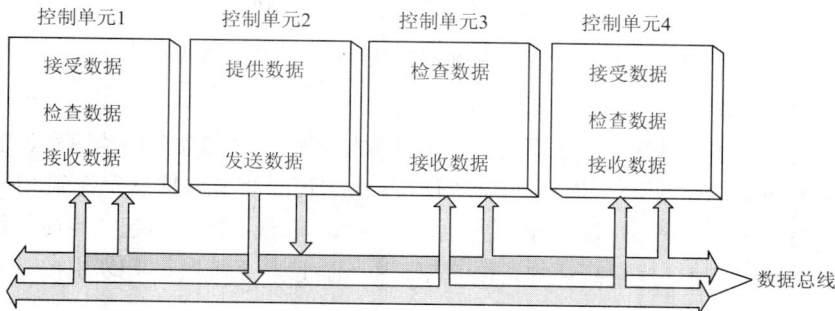

图 3-61 CAN 总线的数据传输过程

每个单元都会在总线空闲时，尽快发送它的最高优先级信息。如果几个单元同时向总线起动传输数据，会产生总线冲突。解决的方法是利用总线结构上的"线与"的裁决功能。其结果是让最高优先级的信息最优先存取，而且不会有时间或数据位的损失。在总线仲裁中失败的单元，会自动返回到等待状态，一旦总线空闲时再次重复发送传输请求。

五、LIN 总线系统的构成

LIN 总线系统由一个主控单元（主节点）和多个从控单元（从节点）构成，如图 3-62 所示。所有单元包括一个从任务，从任务又分为发送和接收任务；而主控单元还包括一个主任务。在 LIN 总线系统中，所有通信都是由任务发起的。

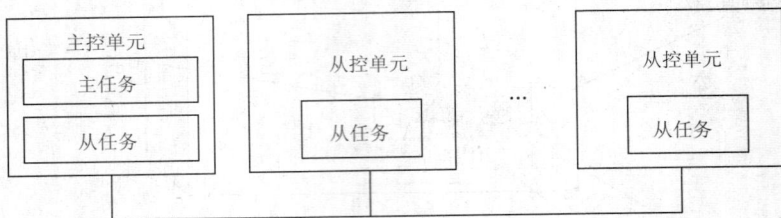

图 3-62　LIN 总线系统的构成

以图 3-63 所示的 LIN 总线系统为例，其中，空调控制单元为主控单元，它既可以通过 LIN 总线与风窗玻璃加热器，以及新鲜空气鼓风机这两个从控单元沟通；还可以通过 CAN 总线与汽车 CAN 总线系统通信。

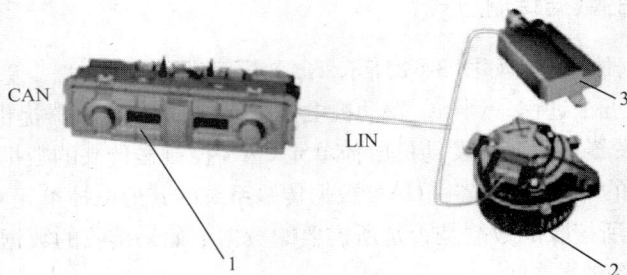

图 3-63　典型 LIN 总线系统示意图

1—空调控制单元；2—风窗玻璃加热器；3—新鲜空气鼓风机

1. LIN 主控单元

LIN 主控单元连接在 CAN 总线系统上，监控数据传输过程和数据传输速率，发送信息标题。LIN 主控单元已设置了一个周期，该周期用于决定何时将哪些信息发送到 LIN 总线上多少次。LIN 主控单元在 LIN 总线系统的控制单元与 CAN 总线系统之间起"翻译"作用，它是 LIN 总线系统中唯一与 CAN 总线系统连接的控制单元。诊断系统通过 LIN 主控单元对与之相连的从控单元进行自诊断。

2. LIN 从控单元

每个 LIN 总线系统中，最多可以连接 16 个从控单元。LIN 从控单元的通信受到 LIN 主控单元的完全控制，只有在 LIN 主控单元发出命令的情况下，LIN 从控单元才能通过 LIN 总线进行数据传输。单个的控制单元、传感器、执行元件都相当于 LIN 从控单元。

传感器是信号输入装置，传感器内集成有一个电控装置，它对测量值进行分析，分析后的数值作为数字信号通过 LIN 总线进行传输。有的传感器或者是执行元件只是用 LIN 主控单元插口上的一个针脚，就可以实现信息传输，也就是单线传输。LIN 执行元件都是智能型的电子或机电部件，它们通过 LIN 主控单元的 LIN 数字信号接收任务。LIN 主控单元通过集成的传感器获取执行元件的实际工作状态，然后把规定状态和实际状态进行对比，并发出相应的控制指令。

LIN 从控单元在 LIN 数据总线系统内 LIN 主控单元发出控制指令之后，传感器和执行元件才能够做出反应。LIN 从控单元等待主控单元的指令，根据需要与主控单元进行通信。如果要结束休眠模式，LIN 从控单元可自行发送唤醒信号。LIN 主控单元安装在 LIN 总线系统设备上。

六、LIN 总线系统的数据传输

1. 数据传输速率

LIN 总线所控制的单元一般都分布在距离较近的空间，传输数据是单线，数据线最长可达 40 m。LIN 总线的数据传输速率为 1 ~ 20 kbit/s。

2. 信号波形

LIN 总线信号波形如图 3-64 所示，信号电平若无信息发送到 LIN 数据总线上或发送到 LIN 数据总线上的是一个隐性电平，则数据总线导线上的电压就是电平电压。想要将显性电平传到 LIN 数据总线上，需将发送控制单元内的收发报机数据总线接地。

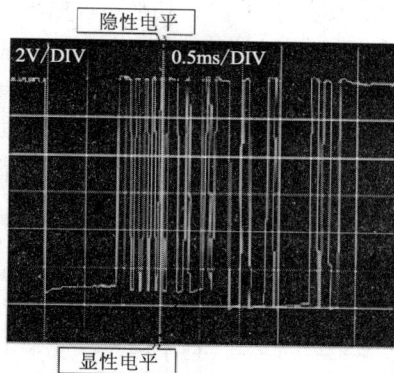

图 3-64　LIN 总线信号波形

LIN 总线在传递隐性电平和显性电平时，通过预先设定公差值来确保数据传输的稳定性。如在干扰辐射的情况下仍能收到有效的信号，那么实际接收的允许电压要再稍高一些。

3. 信息波形

如图 3-65 所示，信息波形包括带有从控单元回应的信息和带有主控单元命令的信息。

带有从控单元回应的信息。LIN 主控单元要求 LIN 从控单元发送的信息标题内含有如开关状态或测量值的信息回应，该回应由 LIN 从控单元来发送带有主控单元命令的信息。LIN 主控单元通过信息标题内的标志符来要求 LIN 从控单元发送带有回应内容的数据，该回应由 LIN 主控单元来发送。

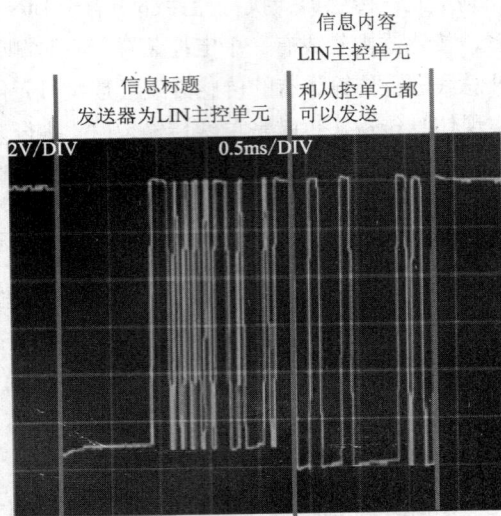

图 3-65　信息波形

4.信息标题

信息标题由 LIN 主控单元按周期发送。如图 3-66 所示，信息标题分为同步暂停区、同步分界区、同步区和识别区四部分。

同步暂停区。同步暂停区的长度至少是 13 位，它是以显性电平发送的。

同步分界区。同步分界区至少是一位长，并且是隐性电平。

同步区。同步区由 0101010101 二进制位序构成，所有的 LIN 从属控制单元通过这个位序来与 LIN 主控单元进行信息匹配。

识别区。识别区长度是 8 位，前面六位是回应信息识别码和数据区的个数，回应数据区的个数为 0 ~ 8，后面两位是校验位，用以检查数据传输是否有错。

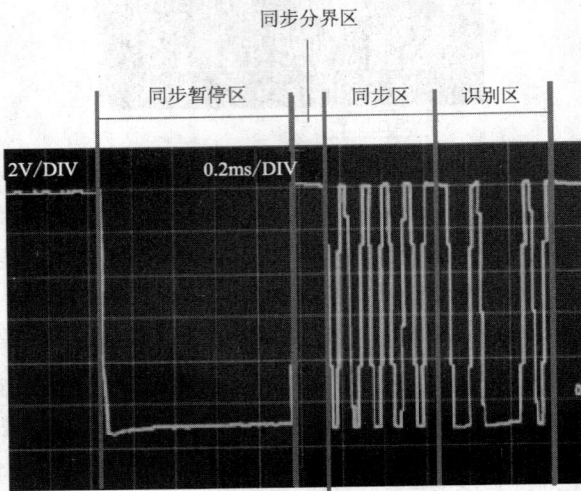

图 3-66　信息标题

5. 信息内容

信息内容带有主控单元的查询信息，LIN 从控单元会根据识别码给这个查询指令提供相应的回应信息。以图 3-63 所示的 LIN 总线系统为例，系统工作时，空调控制单元可以查询新鲜空气鼓风机的转速；新鲜空气鼓风机则根据识别码，提供鼓风机转速的回应信息。

主控单元带有动作指令的信息，LIN 从控单元会提供回应，根据识别码的情况，相应的 LIN 从控单元会运用这些数据去执行各种功能，执行主控单元的指令。以图 3-63 所示的 LIN 总线系统为例，系统工作时，空调控制单元可以发送设置新鲜空气鼓风机转速的信息；新鲜空气鼓风机则根据这些数据，调整鼓风机至规定转速。

主控单元的指令由 1～8 个数据构成，每个数据区是 10 个二进制位，其中有一位是显性的起始位，包含信息的字节，另一个是隐性停止位。起始位和停止位是用于再同步，这样能够有效地避免传输错误。

6. 信息的顺序

LIN 主控单元的软件内预先设定了一个顺序，LIN 主控单元按这个顺序将信息标题发送到 LIN 总线上。LIN 主控单元在特定的条件下可能会改变信息的顺序。常用的信息会多次传输，设计的过程中要尽可能减少 LIN 主控单元部件的种类，主控单元将全车的所有从控单元的信息标题发送到 LIN 总线上。如果车上没有安装可以接收某一信息标题的控制单元的信息，那么在示波器屏幕上会出现没有回应的信息标题，这是因为没有安装造成的，而不是故障，这并不影响系统的功能。

7. 防盗功能

LIN 总线还具有一定的防盗功能。只有当 LIN 主控单元发送出带有相应识别码的信息标题后，数据才会传至 LIN 总线上。由于 LIN 主控单元对所有信息进行全面监控，所以无法在车外使用从控单元通过 LIN 导线对 LIN 总线实施控制，因而 LIN 总线具有一定的防盗功能。

🚗 任务实施

一、高速 CAN 总线终端电阻的检测

1. 检测步骤

（1）以图 3-67 所示的 BMW 轿车高速 CAN 总线系统为例，检测时先关闭点火开关，等待大约 5 min，直到所有的电容器都充分放电。

（2）将数字万用表拨到 200Ω 电阻挡，拔下一个不带终端电阻的控制单元（如车顶功能中心），测量此控制单元与 CAN 总线系统相连的两个端子之间的电阻值。

（3）将一个带有终端电阻的控制单元（如中央网关模块）拔下，检测总的阻值是否发生变化。

（4）将拔下的控制单元重新插好，再将第二个带有终端电阻的控制单元（如 Z1 接线盒）拔下，检测总的阻值是否发生变化。

2. 测量结果分析

（1）在控制单元没有拔下时，检测总的阻值约为 60Ω，说明总线连接正常。

（2）若测量阻值约为 0Ω，说明 CAN-H 线与 CAN-L 线之间有短路情况。

（3）若测量阻值接近控制单元的终端电阻，说明 CAN 总线有断路情况。

（4）若将一个带有终端电阻的控制单元拔下后，测量的阻值应发生变化。

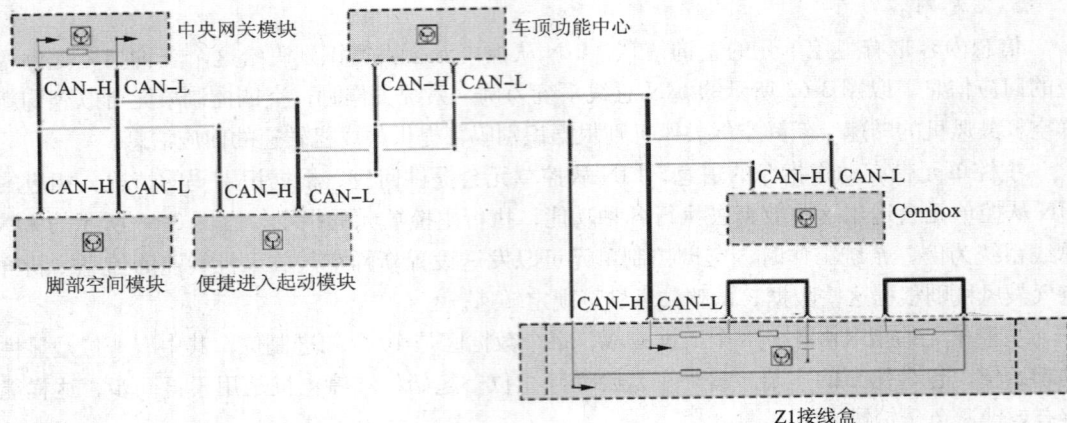

图 3-67 BMW 轿车高速 CAN 总线系统

二、高速 CAN 总线的波形检测

1. 正常情况下的标准波形

高速 CAN 总线正常情况下的标准波形如图 3-68 所示。

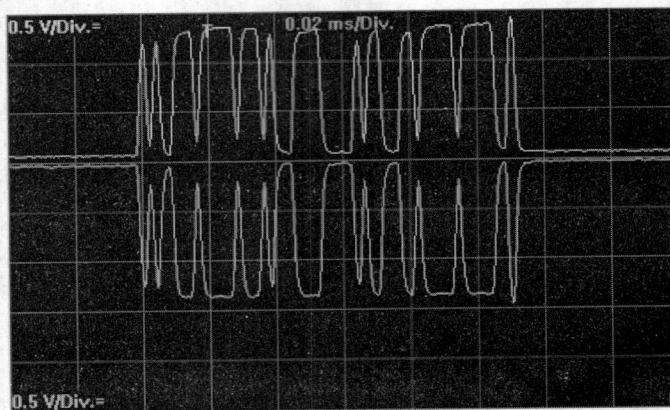

图 3-68 高速 CAN 总线正常情况下的标准波形

2. CAN-H 对 CAN-L 短路

CAN-H 对 CAN-L 短路时，CAN-H 与 CAN-L 的电压均置于隐性电压 2.5 V 左右，如图 3-69 所示。

3. CAN-H 对正极短路

CAN-H 对正极短路时，CAN-H 被置于 12 V，CAN-L 的隐性电压也被置于接近 12 V，如图 3-70 所示。

4. CAN-H 对地短路

CAN-H 对地短路时，CAN-H 的电压为 0 V，CAN-L 的电压也接近 0 V，但在 CAN-L 的波形上，可以看到一小部分的电压变化，如图 3-71 所示。

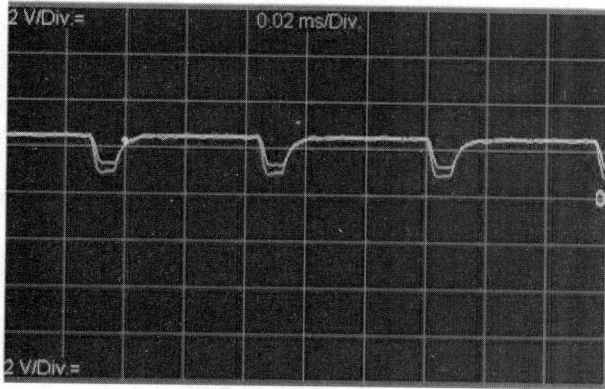

图 3-69　CAN-H 对 CAN-L 短路

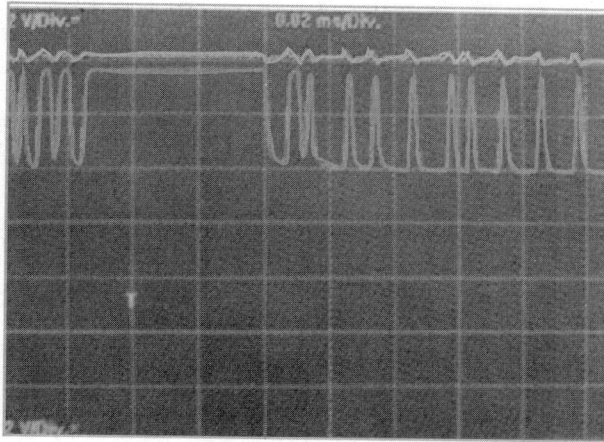

图 3-70　CAN-H 对正极短路

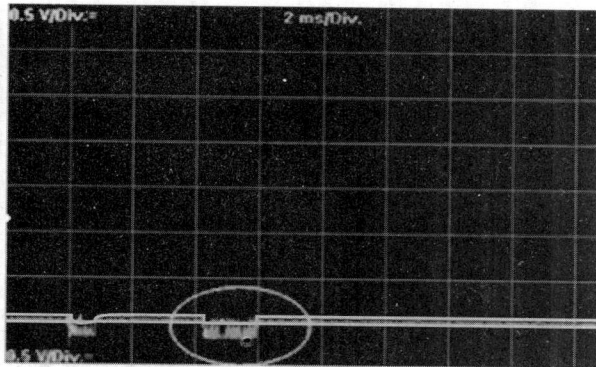

图 3-71　CAN-H 对地短路

5. CAN-H 断路

　　CAN-H 断路时，CAN-H 波形变化很大且杂乱无章（可能有其他控制单元的信号窜入），如图 3-72 所示。

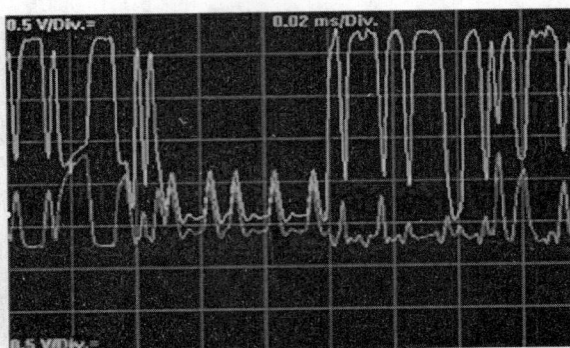

图 3-72　CAN-H 断路

6. CAN-L 对正极短路

CAN-L 对正极短路时，CAN-L 的电压为 12 V，CAN-H 的隐性电压接近 12 V，如图 3-73 所示。

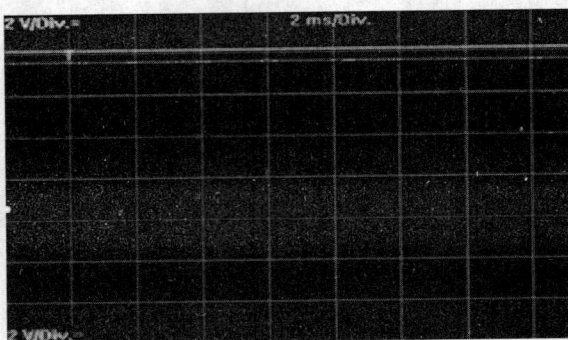

图 3-73　CAN-L 对正极短路

7. CAN-L 对地短路

CAN-L 对地短路时，CAN-L 的电压为 0 V，CAN-H 的隐性电压接近 0 V，如图 3-74 所示。

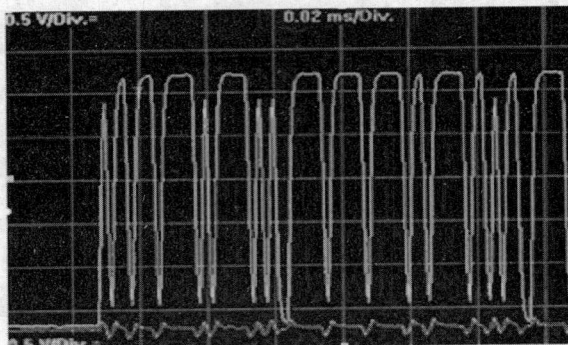

图 3-74　CAN-L 对地短路

8. CAN-L 断路

CAN-L 断路时，CAN-L 波形变化很大且杂乱无章（可能有其他控制单元的信号窜入），如图 3-75 所示。

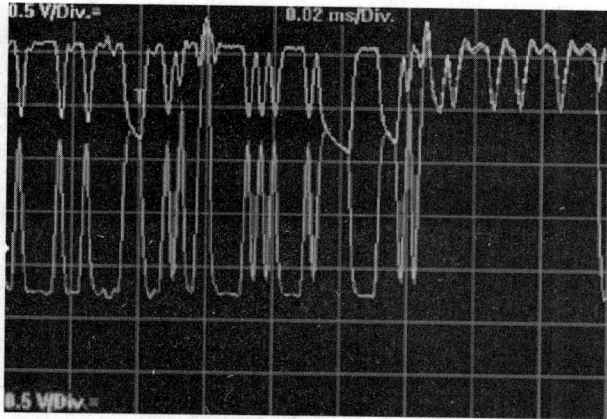

图 3-75　CAN-L 断路

三、低速 CAN 总线的波形检测

1. 正常情况下的标准波形

低速 CAN 总线正常情况下的标准波形如图 3-76 所示。

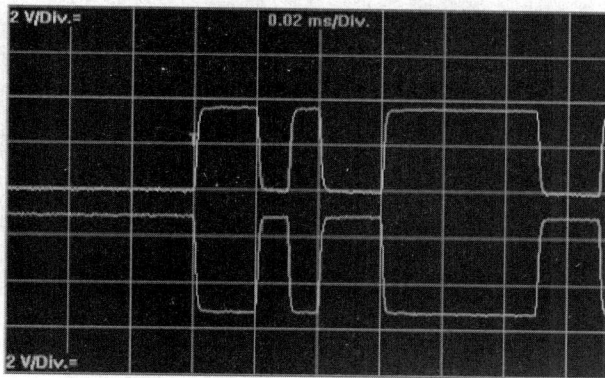

图 3-76　低速 CAN 总线正常情况下的标准波形

2. CAN-H 对 CAN-L 短路

CAN-H 对 CAN-L 短路时，其信号电压极性相同，CAN-L 自动切断，在 CAN-H 上运行，表现在波形上 CAN-L 与 CAN-H 的输出波形一样，如图 3-77 所示。

3. CAN-H 对正极短路

CAN-H 对正极短路时，CAN-H 被置于 12 V，CAN-L 的波形正常，如图 3-78 所示。

4. CAN-H 对地短路

CAN-H 对地短路时，CAN-H 的电压为 0 V，CAN-L 的波形正常，如图 3-79 所示。

5. CAN-H 断路

CAN-H断路时，CAN-L 波形不变，CAN-H 波形始终为 0V，如图 3-80 所示。CAN-H 波形中出现的波峰为受到 CAN-L 信号的干扰所致。

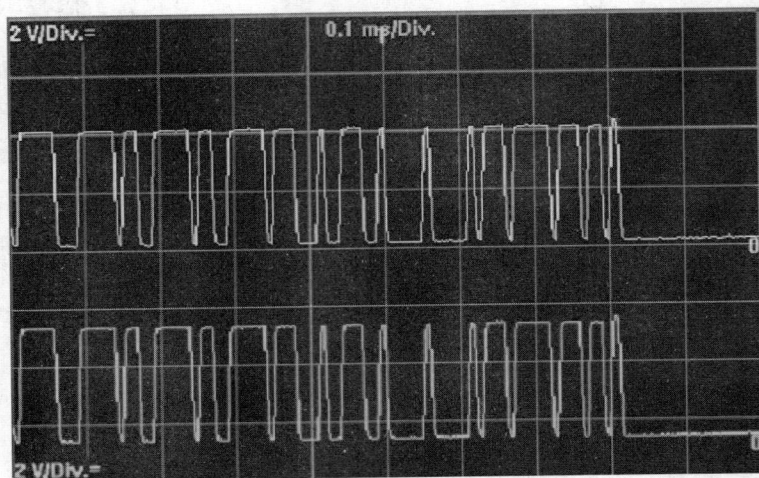

图 3-77 CAN-H 对 CAN-L 短路

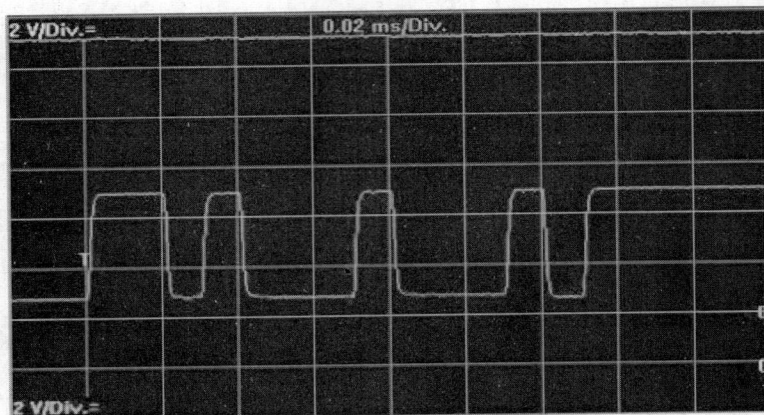

图 3-78 CAN-H 对正极短路

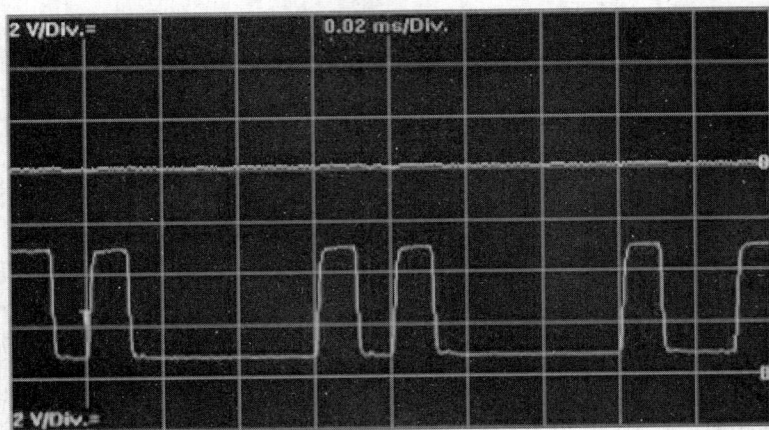

图 3-79 CAN-H 对地短路

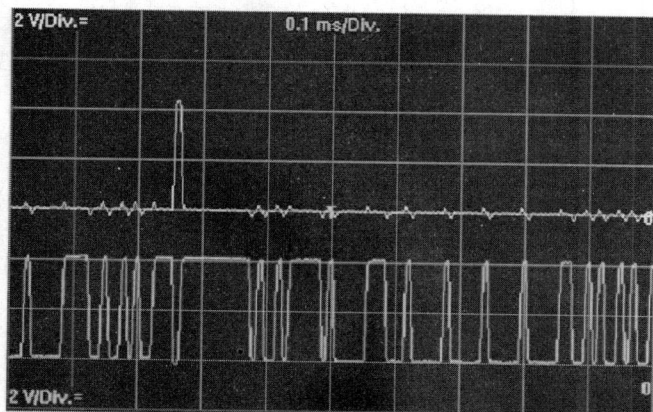

图 3-80　CAN-H 断路

6. CAN-L 对正极短路

CAN-L 对正极短路时，CAN-L 被置于 12 V，CAN-H 的波形正常，如图 3-81 所示。

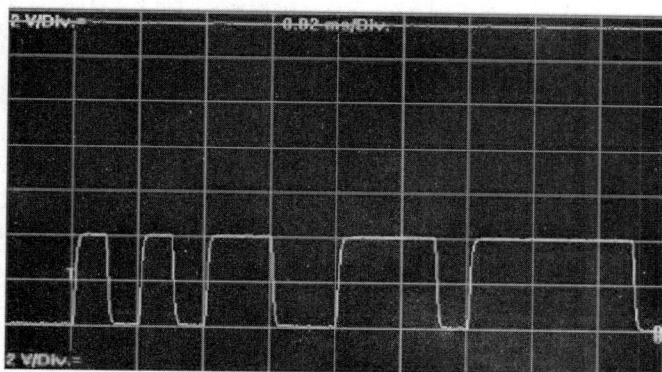

图 3-81　CAN-L 对正极短路

7. CAN-L 对地短路

CAN-L 对地短路时，CAN-L 的电压为 0 V，CAN-H 的波形正常，如图 3-82 所示。

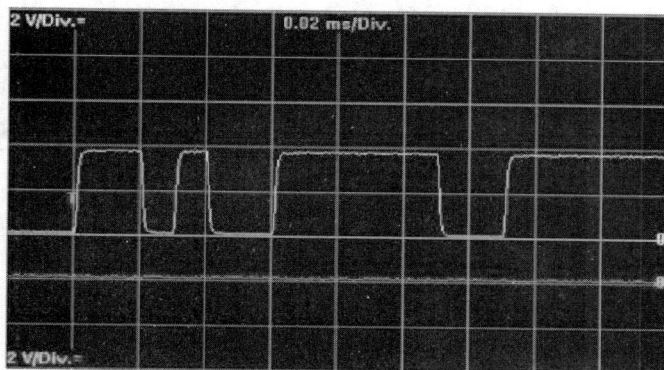

图 3-82　CAN-L 对地短路

8. CAN-L 断路

CAN-L 断路时，CAN-H 波形不变，CAN-L 波形始终为 5 V，如图 3-83 所示。CAN-L 波形中出现的波谷为受到 CAN-H 信号的干扰所致。

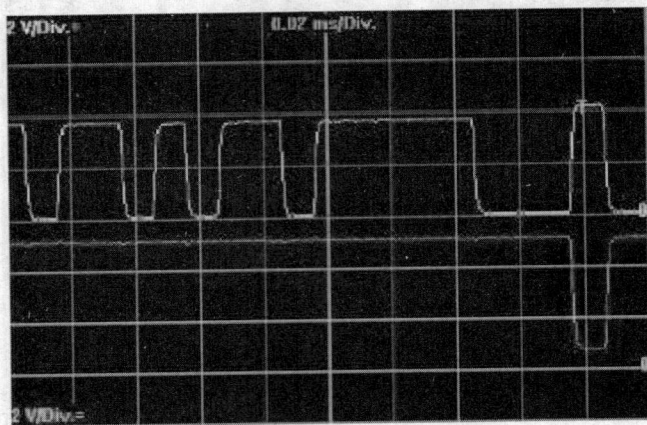

图 3-83　CAN-L 断路

四、CAN 总线的维修

对于 CAN 总线通信线路的损坏，可视具体损坏情况对线路进行维修。如图 3-84 所示，维修时应注意以下几点：

（1）CAN 总线的双绞线的绞合方式不能改变，即不能用平行的两条线来代替双绞线，并且双绞线的节距长度（20 mm）也不能改变。

（2）修理时不能有大于 50 mm 的双绞线线段不绞合。

（3）修理点之间的距离至少要相隔 100 mm，以免干扰。

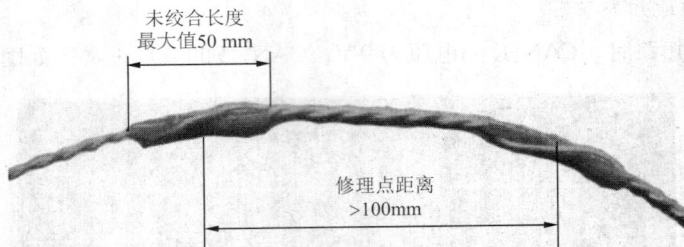

图 3-84　CAN 总线的维修

五、LIN 总线的波形检测

LIN 总线正常情况下的标准波形如图 3-85 所示。

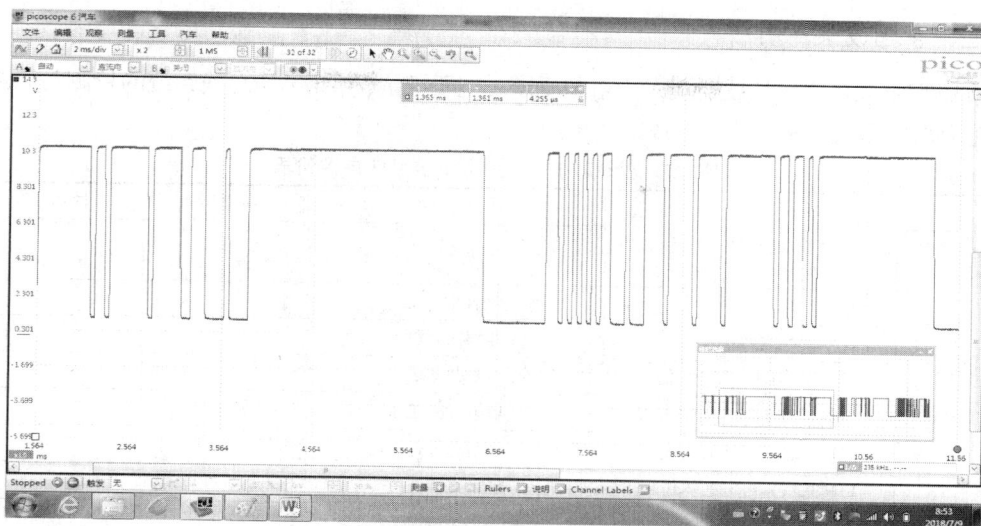

图 3-85　LIN 总线的标准波形

六、LIN 总线的电路检测

无论是 LIN 总线对电源正极短路，还是对电源负极短路，LIN 总线都会关闭，无法正常工作。LIN 总线发生断路故障时，其功能丧失情况视发生断路故障的具体位置而定。当 LIN 总线位置在总线路上断路时，其下游所有从控单元均不能正常工作；当 LIN 总线在位置分支线路处断路时，该分支电路的从控单元将不能正常工作。根据 LIN 总线发生故障时其功能的丧失情况，可根据 LIN 总线系统控制关系及相关电路图，判断电路断路故障的大致位置。

任务评价

一、工作成果评价

严格按照技术标准规范，对各小组 CAN 总线系统的检测与诊断操作程序、操作行为、操作水平、检测精度等进行评价。

CAN 总线系统的检测与诊断工作成果评价表

学习目标	评价指标	评价标准	小组评价	教师评价
准备检测	操作程序	正确		
	操作行为	规范		
	操作水平	熟练		
实施检测	操作程序	正确		
	操作行为	规范		
	操作水平	熟练		
	检测精度	达到要求		

二、学习成果评价

按照职业教育技术类技能型人才培养要求，主要评价学生 CAN 总线系统的检测与诊断知识、能力及技术人员职业特质形成的情况。

CAN 总线系统的检测与诊断学习成果评价表

	学习目标	评价标准	小组评价	教师评价
知识	CAN 总线系统的检测与诊断的意义	理解		
	CAN 总线的分类	理解并简述		
	CAN 总线的结构	理解并简述		
	CAN 总线的数据传输信号	理解并简述		
	CAN 总线的数据传输方式	理解并简述		
	LIN 总线系统的构成	理解并简述		
	LIN 总线系统的数据传输	理解并简述		
通用能力	协调能力	了解、运用协调方法		
	沟通能力	了解、运用沟通方法		
	配合能力	了解、运用配合方法		
	方法能力	具有革新意识		
专业能力	高速 CAN 总线终端电阻的检测	达到职业资格要求的能力水平		
	高速 CAN 总线的波形检测	达到职业资格要求的能力水平		
	低速 CAN 总线的波形检测	达到职业资格要求的能力水平		
	检测结果分析	达到职业资格要求的能力水平		
	CAN 总线通信线路的维修	达到职业资格要求的能力水平		
	LIN 总线的波形检测	达到职业资格要求的能力水平		
	LIN 总线的电路检测	达到职业资格要求的能力水平		
特质	价值追求	追求标准、规范、精度的职业活动价值		
	思维特点	过程导向思维的认识、建立与习惯养成		
	职业态度	严谨认真、一丝不苟、精益求精的态度		

教师、同学建议：

评价汇总：
A 优秀
B 良好
C 基本掌握

努力方向：

🔍 思考与练习

1. CAN 总线系统故障的主要原因有哪些？

2. 利用示波器对 CAN 总线进行检测并对检测结果进行分析。

3. 利用示波器对 LIN 总线进行检测。

4. 总结并阐述 CAN 总线检测与诊断的基本思路及方法。